# LETTRE

## A SON EXCELLENCE

## M$^{gr}$. LE COMTE CORVETTO,

### MINISTRE SECRÉTAIRE D'ÉTAT

#### AU DÉPARTEMENT DES FINANCES,

Ex-Président de la Commission du Conseil d'État créée par décrets des 26 Juin et 20 Octobre 1810, pour la *Révision* de la Liquidation des Créances de Saint-Domingue.

---

*On ne liquida que pour ruiner.*
( Discours de M. le Maréchal Duc de Tarente,
Chambre des Pairs, 1814. )

---

---

## PARIS,

## DE L'IMPRIMERIE DE C.-F. PATRIS.

---

## M. DCCC. XVI.

# LETTRE

## A SON EXCELLENCE

## Mgr. LE COMTE CORVETTO,

### MINISTRE SECRÉTAIRE D'ÉTAT

#### AU DÉPARTEMENT DES FINANCES.

Dans les temps de troubles et de révolutions politiques, l'honnête homme peut perdre sa fortune, mais son honneur est au-dessus des atteintes du despotisme et des grandes injustices : aussi, l'honnête homme ne redoute point l'opinion publique, il l'invoque, au contraire, avec sécurité, lorsque le règne des lois et des bons princes est arrivé : le sujet fidèle paye, donc, au prince et à la loi, un noble tribut d'amour et d'obéissance, lorsqu'après le retour de l'ordre, il éclaire la religion des dépositaires de l'autorité que les passions surprirent ou égarèrent dans les tempêtes politiques ; lorsqu'il réclame hautement contre des décisions arbitraires qui le dépouillèrent de sa légitime propriété, et tendirent à le dépouiller de son

honneur , en le constituant *débiteur* envers le
fisc dont il était *créancier*.

Vous êtes Ministre , Monseigneur, et nous ne
sommes que des Défenseurs de l'Etat , sans in-
fluence et sans crédit : une distance immense nous
sépare dans l'ordre politique , mais nous avons
tous aux yeux de la loi, les mêmes droits que vous.
Vous êtes juste , dit-on , et nous sommes oppri-
més, dépouillés de notre fortune , en vertu d'une
décision rendue par une commission de *révision*
dont vous étiez le chef; nous avons une haute-
vénération pour votre caractère , une confiance
non moins étendue dans votre équité ; nous ne
craignons donc pas de vous écrire , de vous
prouver que votre religion a été surprise dans
une affaire majeure qui a entraîné la ruine de
trois pères de famille : l'un deux est mort de
misère et de désespoir.

Permettez nous d'en appeler, aujourd'hui, du
Conseiller d'Etat de Napoléon Bonaparte , au
Ministre Secrétaire d'État des finances du Roi
Louis XVIII : invoquer votre justice contre
vous-même , c'est faire l'éloge de votre caractère, c'est rendre , en même temps , le plus res-
pectueux hommage à la majesté du Souverain
que la France a enfin recouvré pour le salut
et le bonheur de tous les Français.

La commission de *révision* dont Votre Excellence était président, a prononcé, contre nous, un jugement absurde, inique, opposé à toutes les lois de la justice, contraire à toutes les règles de la raison ; jamais plus graves erreurs ne furent commises par une *commission* ( ce mot veut cependant tout dire, ) chargée de décider, au nom du *fisc*, de la fortune des citoyens ; jamais créanciers ne furent moins entendus, plus arbitrairement dépouillés que nous l'avons été ; la Commission a tout ignoré, tout méconnu ou tout violé ; les réclamants dont elle a jugé les intérêts, n'ont pu lui faire entendre leurs voix, ils n'ont pas même été représentés auprès d'elle ; et, néanmoins, la commission a prononcé, sans balancer, le rejet d'une créance de 160,920 francs, dont le *fisc impérial* se trouvait débiteur ; et, néanmoins, la commission a imposé, aux victimes de sa propre ignorance, de ses propres erreurs, une dette de 47,162 fr. 25 c. : deux décisions, deux délits qu'il deviendrait impossible de caractériser, si l'on oubliait un seul instant quel était le gouvernement politique, militaire et fiscal, sous lequel gémissait alors la France.

Sans doute, et c'est ici la justification du magistrat qui commet une erreur, sans doute

il est des époques si extraordinaires, si désas-
treuses, qu'elles confondent, pour ainsi dire ,
les notions du juste et de l'injuste ; mais l'oppression et l'erreur passent, la justice et la vérité restent , elles sont éternelles comme la
majesté royale, comme la divinité elle même
dont émanent la majesté et l'autorité des rois.

Vous êtes, Monseigneur , et nous nous plai-
sons à le dire , vous êtes du petit nombre des
serviteurs de Bonaparte, que l'estime publique
n'a point abandonnés ; vos lumières comme
homme d'Etat, votre loyauté comme simple
citoyen, sont connues et appréciées ; nous ré-
clamons donc, sans détour , votre protection,
vous nous la devez, car en la réclamant ce
n'est que votre justice que nous invoquons ;
aussi, nous ne craignons point de vous prendre
aujourd'hui pour juge , aux yeux du public, dans
une cause où Votre Excellence devait faire droit
et n'a pas fait droit à des réclamations fondées sur
des titres incontestables , dans une cause où tout
a été erreur , contradictions , et il doit être
permis de le dire, injustice de la part de la
commission de *liquidation*. Peut-être , ne pou-
vait-il guère en être autrement, dans un temps
où il n'était plus permis à la vérité d'arriver
jusques aux chefs de l'administration publique ;

mais, dans celui où nous avons le bonheur de
vivre, il suffit au plus obscur des citoyens de
faire parler la vérité, pour invoquer avec succès l'attention, et par conséquent la justice des
hauts fonctionnaires que Sa Majesté honore de
sa confiance; ils sont éclairés et justes, ils
savent et ils ne craignent pas de reconnaître
qu'il n'y a jamais prescription lorsqu'il s'agit
des droits, de la fortune, de la vie de citoyens injustement dépossédés de leur propriété. En vain essayerait-on de vous dire, de
vous assurer même que ce qui a été décidé une
fois, est décidé pour toujours; que lorsqu'une
commission a prononcé, même *provisoirement*,
( car c'est ici le cas où nous nous trouvons,
au sujet de prétendues *avaries* dont la commission n'a pas osé, par un reste de pudeur,
nous constituer *définitivement* responsables et
débiteurs, *quoiqu'elle nous ait forcés à payer
ces avaries* ) son jugement fait loi, et qu'il serait impolitique de revenir sur un acte de haute
administration, etc., etc., etc. Un tel langage
ne sera pas le vôtre, Monseigneur, car c'est
celui de l'injustice et de la spoliation soutenues
par le despotisme, et ces mots ne peuvent rappeler que le conseil d'Etat du chef du dernier gouvernement; sous celui-ci, l'on pense,

l'on agit d'une manière bien différente ; vous
vous dites à vous même, Monseigneur, qu'il
est toujours temps de réparer une faute qui
fut celle des temps de l'oppression ; vous re-
connaissez que le citoyen auquel on a ravi de
légitimes droits, doit être toujours appelé à
faire entendre de légitimes réclamations : la loi
le veut ; lorsqu'un jugement inique a été rendu,
elle permet à la victime d'en solliciter la révision, elle lui accorde la faculté d'en obtenir la cassation : et où en serait aujourd'hui
la France toute entière, nous vous le demandons à vous même, Monseigneur, si les décisions du conseil d'Etat des gouvernements
révolutionnaires, si les dispositions législatives
et fiscales de l'ancien gouvernement devaient
former, encore aujourd'hui un code de jurispru-
dence *inviolable*, *irrévocable!* Mais ce n'est pas
sous un Monarque juste et bienfaisant, ce n'est
pas sous un Prince appelé par la Providence à
réparer tant de malheurs et d'injustices, à ré-
pandre tant de bienfaits, que des sujets, que des
Français doivent craindre de se voir repoussés,
sacrifiés à des considérations d'état, ou plutôt
de conseil d'état : tout Français peut réclamer,
sans crainte, de justes droits, il peut faire entendre
librement sa voix sous le règne de Louis XVIII.

La loi et le prince nous permettent, donc, de revendiquer aujourd'hui notre propriété ; nous avons sauvé la vie à sept cents Français, notre fortune a été mise en réquisition par le dernier gouvernement, il l'a employée au service de l'Etat ; il nous avait garanti notre propriété, et il l'a dévorée. Tels sont les titres que nous avons exposés comme Français, telles sont les réclamations que nous avons faites comme créanciers de l'Etat, dans un grand nombre de pétitions, toutes restées sans réponses.

Nous avons l'honneur de vous soumettre, Monseigneur, l'exposé suivant, et votre caractère nous donne l'assurance que vous voudrez bien déposer aux pieds de Sa Majesté, un rapport tendant à solliciter de sa suprême justice la révision de la décision prise, à notre égard, par la commission de révision de la liquidation de la dette de Saint-Domingue. Votre Excellence, qui présidait cette commission, va se convaincre des erreurs dans lesquelles elle est tombée : nous développons les faits.

## FAITS.

Le navire suédois le *Freyheit*, de Gothembourg, arriva au commencement de l'an 11, à l'Isle de Saint-Domingue; il était frêté par le gouvernement français, et chargé de troupes de cette nation.

Le capitaine et l'équipage entier, à l'exception d'un seul mousse, étant morts peu de temps après leur arrivée dans cette colonie, le gouvernement fit vendre (1) le navire le 2 *ventôse*, et M. Lecay-d'Arcy s'en rendit adjudicataire; le 25 germinal, le bâtiment fut francisé, (2) reçut le pavillon national, et prit le nom de l'*Hector-Daure*.

Mis en réquisition et frêté par le gouvernement, dès le 17 ventôse, (3) pour transporter des effets d'équipement du Cap français au Port-au-Prince, l'*Hector-Daure* remplit cette obligation. Redevenu libre de naviguer pour son compte, ce navire venait d'être affrêté (4) à M. *Nathaniel Richardson*, de *Baltimore*, en destination pour *Norfolck*, d'où il devait transporter en France douze cents milliers de tabac, lorsque le gouvernement le (5) frappa d'une seconde réquisition, portant l'ordre de retourner au Cap; elle occasionna aux armateurs, M.

*Legay-d'Arcy* et M. *Crevel* qui était devenu son co-propriétaire, un procès (6) par lequel ils se virent condamnés à payer aux affréteurs la somme de *dix mille fr.* de dommages-intérêts et frais.

Revenu dans la rade du Cap, l'*Hector-Daure* se vit, successivement, enlever ses canots, ses ouvriers, ses matelots, son équipage, par les ordres impératifs du capitaine de vaisseau *Barré*, commandant la station navale du Nord(7); bientôt, il fut frappé d'une troisième réquisition (8) à l'effet de transporter en France des militaires blessés. Au moment où ce navire allait mettre à la voile pour cette destination, il fut changé en hôpital flottant; l'équipage et même le capitaine en furent expulsés; l'autorité militaire et administrative en prit arbitrairement possession ; M. *Crevel* adressa ses réclamations et ses plaintes à M. *Magnitot*, préfet colonial ; ce magistrat fit rendre le bâtiment aux propriétaires qui se décidèrent alors à le mettre, au moyen d'une vente simulée, sous pavillon *américain*, espérant le soustraire ainsi aux vexations de toute espèce dont la colonie de Saint-Domingue était devenue le théâtre.

L'*Hector-Daure* fut déclaré en vente publique, mis aux enchères et vendu avec toutes les formalités voulues par les lois et ordonnance, le 11 fructidor an 11, (9); M. *Laussat*, citoyen des

Etats-Unis, s'en rendit adjudicataire ; le bâtiment prit, avec le pavillon *américain*, le nom
de *Two Sisters*, ou les Deux Sœurs.

Des affaires majeures obligeant M. Laussat de
se rendre aux Etats-Unis, les propriétaires du
*Two Sisters* allaient retomber dans les vexations
et les réquisitions qu'ils avaient cherché à éviter ;
pour acquérir la liberté de leur propriété et de
leur navigation, ils se décidèrent à faire subir
une nouvelle vente à leur bâtiment ; elle eut juri-
diquement lieu, et l'adjudication fut faite au pro-
fit d'*Elias Bascom*, citoyen des Etats-Unis et
de la province de *Connecticut* ; le *Two Sisters*
allait mettre à la voile, sous pavillon *américain*,
en destination de *Charles Town*, quand une qua-
trième réquisition (10) vint le saisir pour l'évacuation du Cap français ; elle l'exposait d'*une
manière certaine*, aux dangers de la capture et
de la condamnation ; dangers dont il lui devenait
impossible de se préserver, du moment où le
gouvernement le retenait *pour son service* dans
la rade du Cap ; dangers auxquels tous les navires
qui eurent la liberté de sortir du Cap, avant la
capitulation de cette ville, et qui, par les mêmes
motifs, s'y étaient couverts du pavillon *américain*,
échappèrent sans la moindre difficulté ; car, la
croisière anglaise n'inquiéta, en aucune manière,

ceux qu'elle visita, à bord desquels il ne fut point trouvé des propriétés françaises, et qu'elle reconnut n'être pas mis en *réquisition* par le gouvernement français ; ensorte que la *réquisition* dont le gouvernement de la colonie saisit le *Two Sisters*, fut la cause immédiate, précise, inévitable, de la capture et condamnation de ce bâtiment qui eurent lieu peu de jours après, ainsi qu'il va être dit.

Toutes les précautions, tous les moyens de sûreté ou de préservation employés par les réclamants, propriétaires du vaisseau, et dont M. *Elias Bascom* n'était que le prête-nom, ainsi que l'avait été M. *Laussat*, toutes leurs dispositions de salut furent rendues inutiles par le gouvernement de la colonie ; car le pavillon *américain* sous lequel ils devaient être couverts, et contre l'Angleterre en pleine mer, et contre les vexations de toute espèce dans la rade du Cap, ne fut pas plus à l'abri, que le pavillon français, des réquisitions ordonnées par les commandants de force de terre et de mer. Dès le 28 *brumaire* au 12 (11), le *Two Sisters* fut mis en double réquisition, par le capitaine de vaisseau *Barré*, commandant les forces navales, et par M. *Huin*, chef de l'état-major de l'armée de terre : les deux autorités intimèrent à M. *Cre-*

*vel* l'ordre formel de faire de *l'eau et des vivres* pour un grand nombre de passagers (12) ; tous les magasins de l'État se trouvaient vides ; il n'y avait plus ni confiance ni crédit public ; et les négociants , menacés à chaque instant dans leurs personnes , attaqués chaque jour dans leurs propriétés , étaient encore obligés de pourvoir, à leurs dépens et sur leur crédit personnel , aux besoins les plus urgents de la chose publique.

Alors il était devenu facile, non pas de prévoir la perte de la colonie, et la capture prochaine des bâtiments du commerce , mais d'indiquer le jour , où ces grands désastres auraient lieu. Les réclamants se voyant à la veille de perdre leur navire et leur fortune , demandèrent au gouvernement de la colonie (13), sous le nom d'*Élias Bascom* , et en conformité de l'article 15 des conditions générales d'affrètement, *d'assurer* leur propriété ; l'autorité fit estimer, le 2 frimaire an 12 , (14) le *Two Sisters* par les officiers et maîtres du port , et malgré *les réclamations et les observations* de l'ordonnateur *Peroud* , l'estimation de ce navire fut portée à la somme de 100 mille francs. Nonobstant cette disposition conservatrice de leur propriété , les réclamants firent, le 4 du même mois, et toujours sous le nom d'*Élias Bascom* (15), une *protesta-tion* contre la mise en *réquisition* de leur bâti-ment, devant *Moreau*, notaire au Cap. Cette protestation, dernière ressource des proprié-taires du *Two Sisters*, étant restée sans effet, les réclamants se voyant eux-mêmes forcés de fuir d'une colonie, où les nègres se livraient déjà, impunément, à toutes les cruautés qui précèdent et annoncent un massacre général, lesdits réclamants se firent passer, avant leur embarquement (16), une vente régulière du *Two Sisters*, en leur propre et privé nom, par *Élias Bascom*, et par devant le susdit *Moreau*, notaire au Cap, sous la date du 5 frimaire an 12. Cette formalité était indispensa-ble pour leur conserver, à tout événement, le titre légal de la propriété ; cette formalité devait établir, d'une manière incontestable, leur droit à réclamer, le cas échéant, le payement du na-vire le *Two Sisters*.

Cette protestation, cette vente, cette estimation légalement faites du *Two Sisters* laissaient et de-vaient laisser les réclamants dans une sécurité en-tière sur leur propriété, relativement à toutes les chances d'hostilité, de navigation et de mer, contre lesquelles le *Two Sisters* était bien et duement garanti d'après les lois. Dans ces conjonctures,

les armateurs et propriétaires du navire rendaient
un grand service à leur gouvernement, à la patrie,
à l'humanité ; en effet, 679 passagers de tout
état, de tout sexe et de tout âge, menacés à chaque instant de devenir la proie du nègre féroce
et implacable, sous les yeux desquels soixante
de leurs compatriotes venaient d'être égorgés,
sur une goëlette française, 679 passagers se ré-
fugièrent à bord du *Two Sisters*, et s'y embar-
quèrent avec tant de confusion, avec une si
nécessaire précipitation, que 136 d'entr'eux,
seulement, (17) purent *représenter* des ordres
réguliers d'embarquement ; pour plusieurs, la
crainte de la mort, d'une mort précédée des
plus épouvantables atrocités, en tint lieu ; il fallut recevoir ces victimes du malheur : l'humanité et la patrie le prescrivaient impérieusement.
Mais, dans une ville affamée, prête à devenir la
conquête, la proie des assassins, il fallut aussi
se procurer des vivres à tout prix, afin de pourvoir à la subsistance de cette foule de fugitifs,
ou plutôt de victimes de l'impéritie et de la
folle conduite des agents du gouvernement français à Saint-Domingue. Pour donner une idée
du dénuement dans lequel se trouvait le trésor
public, et de la cherté des vivres au Cap, il
suffira de dire que la solde des troupes leur était

payée en barriques de sucre, de 17 ou 1800 pesant, enlevées aux négociants et aux capitaines du commerce français par des réquisitions, et que les soldats revendaient ensuite aux Américains, qui seuls alors pouvaient acheter, à raison de 8 piastres ou 42 francs la barrique, et que le biscuit se vendait à raison de 75 piastres fortes le quintal, c'est-à-dire environ 4 francs la livre.

Certes, lorsque les propriétaires-armateurs du *Two Sisters* faisaient, ainsi, le sacrifice de leur fortune et de leur vie au salut de leurs concitoyens, lorsqu'ils obéissaient aux *ordres formels* des autorités légales de la colonie de Saint-Domingue, ces Français étaient loin de craindre, que s'ils parvenaient à regagner leur patrie, on leur refuserait, en France, le payement des vivres, du frêt, et du bâtiment qui formaient leur propriété; et comment auraient-ils pu le craindre, dans un moment où ils arrachaient près de 700 de leurs compatriotes à une mort aussi horrible que certaine, où ils se dévouaient eux-mêmes, corps et biens, au salut de tant de Français, et lorsqu'ils exécutaient, en tous points, les ordres qui leur étaient donnés? Mais, le despotisme et l'avidité les plus excessifs régnaient en France, lorsqu'ils revirent la terre natale, et la justice ne fut plus qu'un vain mot lorsqu'ils l'invoquèrent à leur retour dans la mère patrie, *pendant dix années entières.* . . . . . Ici, nous nous arrêtons, Monseigneur, à ces mots sacrés de Justice et de Patrie ; le cœur de Votre Excellence doit trop souffrir en apprenant aujourd'hui à quel excès on s'est joué de l'une et de l'autre, en connaissant enfin tous les droits que les propriétaires du *Two Sisters* avaient à la protection et à la bienveillance du gouvernement : nous dirons plus loin, par combien de violations de forme, par quelles injustices, par quelles décisions arbitraires l'on a pu nous dépouiller de notre légitime propriété.

Le *Two Sisters* sortit du Cap et mit à la voile le 11 *frimaire* an 12 ; il fut immédiatement capturé par les croisières anglaises, et conduit en rade de *Kingston,* île de la Jamaïque. On essaya, mais envain, de le soustraire à la condamnation ; *Elias Bascom,* qui en était censé maître et propriétaire, d'après tous les actes *ostensibles,* le fit réclamer (18) comme sa propriété particulière, comme portant pavillon américain ; il prouva sa qualité de sujet américain, il en justifia par M. *Savage,* agent pour les Etats-Unis d'Amérique dans l'île de la Jamaïque : mais les demandes, les réclamations, toutes les preuves légales qui venaient à leur appui, furent écartées par la cour de vice-amirauté de *Saint-Yago de la Vega;* elle avait parfaitement connaissance de la mise en *réquisition* du *Two Sisters* par le gouvernement français, ce navire renfermait des propriétés françaises et des effets du gouvernement français, il avait à son bord des militaires et des gardes nationaux de Saint-Domingue. Ces faits et ces choses lui ôtaient, par conséquent, vis-à-vis des Anglais, sa qualité de neutre et le constituaient *français;* aussi, la cour de vice-amirauté, tenue dans la ville de *Saint-Yago,* prononça le 25 janvier 1804 : « Que » le navire, ou bâtiment appelé le *Two Sisters,* » duquel *Bascom* était maître, ses gréements, » apparaux et fournitures, tout et singulièrement » les biens, denrées et marchandises chargées » *comme ayant appartenu au temps de capture* » *et saisie d'icelui aux ennemis de la couronne* » *de la Grande-Bretagne,* et comme cela, et » non autrement, était sujet et exposé à con- » fiscation, et par interlocutoire, condamna le » même, pris par le vaisseau de S. M. l'*Elé-* » *phant,* Georges Dundas, commandant, comme » bonne et légale prise ».

Il est évident et incontestable, que le pavillon *américain* ne fut pas respecté, et que la condamnation de ce navire fut prononcée précisément et uniquement, parce qu'il avait été mis en *réquisition* par le gouvernement français.

Tel est, Monseigneur, l'ensemble des faits qui se rapportent au navire le *Two Sisters*, depuis l'instant où le gouvernement français s'en est emparé, *par voie de réquisition*, jusques au jour où il a été capturé et condamné par l'amirauté d'Angleterre. Nous ne craignons pas, aujourd'hui, de le demander à Votre Excellence, le gouvernement était-il obligé de payer la valeur de ce navire, le frêt et les vivres aux armateurs propriétaires ? La commission de liquidation a-t-elle rempli, à cet égard, les obligations du gouvernement, ou a-t-elle violé toutes les lois et ordonnances, en écartant les réclamations des propriétaires du *Two Sisters?* Nous allons examiner ces deux questions ; et, plus nous avancerons dans la déduction des faits et des circonstances, plus il vous sera démontré, nous osons nous en flatter, Monseigneur, qu'il a été commis une insigne injustice à notre égard, et que Votre Excellence est obligée de faire tous ses efforts pour la réparer.

Il est déjà prouvé, par l'énumération des faits énoncés, et par les pièces légales qui attestent la vérité de ces faits, que, depuis le 2 *ventose* an 11, jusques au 11 *frimaire* an 12, ou plutôt depuis son départ d'Europe, sous le nom de *Frey Heit*, jusqu'à l'époque de sa capture, sous le nom de *Two Sisters*, par les Anglais, ce bâtiment a été, sans nulle interruption, employé et retenu à Saint-Domingue par le gouvernement de cette Colonie ; il est prouvé que le navire, quelque nom et quelque pavillon qu'il ait porté pendant cet espace de temps, n'a cessé d'être français ; il est prouvé que le navire n'a pas été mis en réquisition après le *blocus du Cap Français* ( ainsi qu'on n'a pas craint de le dire depuis), mais avant le blocus de cette rade ; mais pendant tous le temps qu'il a été dans les ports de la Colonie ; mais pendant plus de neuf mois, et conséquemment, *huit mois avant le blocus* de la rade du Cap ; il est prouvé que le navire le *Two Sisters* n'a été capturé et condamné par les Anglais, que *parce qu'il appartenait, au temps de sa capture et saisie, aux ennemis de la couronne de la Grande-Bretagne, et non autrement* ; il est prouvé que de tous les bâtiments Américains qui se trouvaient à Saint-Domingue, le *Two Sisters* est le *seul* qui ait été capturé et condamné par les Anglais, et l'acte de condamnation démontre que ce navire porant pavillon *Américain*, a été cependant dé-

claré de bonne prise, parce qu'il avait été mis
eu *réquisition* par le gouvernement français,
parce qu'il avait été chargé d'effets de ce gouvernement, et avait à son bord des militaires
français; en un mot, *parce qu'il appartenait
aux ennemis de la couronne de la Grande-
Bretagne.* Si cela n'est pas clair comme le jour,
il faut avouer, Monseigneur, qu'il n'y a plus
ni raisonnement vrai, ni vérité dans le monde;
que les mots n'ont plus de signification exacte,
et que tout devient erreur ou mensonge, selon
les caprices des hommes puissants.

Les autorités de la colonie de Saint-Domingue
étaient, elles-mêmes, si convaincues des risques
que la *réquisition française* faisait courir au
*Two Sisters*, quoique sous pavillon *américain*,
que le gouvernemest avait fait procéder à *l'estimation* de ce navire ; grâce, ou plutôt justice,
*qui n'eut lieu que pour ce bâtiment seul.* Les
propriétaires et armateurs du *Two Sisters* avaient
donc les droits les mieux établis, les plus positifs
à réclamer, auprès du gouvernement, la valeur
dudit navire, ensemble le prix du frêt et le
montant des sommes dues pour les vivres fournis
aux passagers embarqués sur son bord : de quelle
manière le gouvernement a-t-il acquitté une dette
aussi sacrée ?

### De la Commission de révision de la Liquidation de la dette de Saint-Domingue, présidée par M. le Conseiller d'état, Comte Corvetto.

Une commission ayant été nommée pour liquider la dette de Saint-Domingue, c'est-à-dire, de la désastreuse expédition envoyée pour reconquérir cette colonie ; les réclamants se mirent en instance auprès de cette commission, pour obtenir le payement d'un navire à eux appartenant, *mis en réquisition* par les autorités de la colonie , et capturé par les Anglais. M. *Cotentin*, banquier, chargé de suivre la réclamation, au nom des réclamants, déposa à la marine, le 4 *prairial* an 12 :

1°. La réquisition du commandant des forces navales à Saint-Domingue ;

2°. La réquisition du général, chef de l'état-major de l'armée ;

3°. Une liasse contenant quatre-vingt-onze *ordres d'embarquement*, pour cent quarante-un *militaires*, gardes nationales ou employés de l'armée ;

4°. *L'estimation* du navire le *Two Sisters* et l'*inventaire* à l'appui de cette estimation ;

5°. La protestation de M. *Elias Bascom*, maître dudit navire, devant *Moreau*, notaire au Cap.

6°. La protestation dudit *Bascom*, pardevant le magistrat de *Kingston*, île de la Jamaïque;

7°. Copie de la pétition présentée au juge, en vice-amirauté de la Jamaïque, par ledit *Bascom;*

8°. La condamnation du *Two Sisters*, prononcée par la vice-amirauté de cette île;

9°. La procuratiou dudit *Bascom*, pour réclamer et poursuivre, en France, auprès du gouvernement, le payement dudit navire; ladite procuration duement légalisée.

10°. Un compte des vivres fournis aux passagers, et des *surrestaries* dues aux armateurs du vaisseau, conformément aux conditions générales d'affrètement; ledit compte s'élevant à 63,000 francs.

Enfin, M. Cotentin a dû également déposer, à la marine, un acte de vente du navire le *Two Sisters*, consenti par ledit *Bascom*, en faveur de MM. *Legay d'Arcy, Crevel* et *Prevost Montfort;* ledit acte postérieur à la vente dudit navire, faite par les susnommés audit *Bascom*, devant *Moreau*, laquelle n'avait eu lieu que dans la seule vue de mettre ce navire sous le nom et garantie d'un citoyen des Etats-Unis, et le couvrir ainsi d'un pavillon neutre.

Toutes ces pièces d'une date légale, anté rieure à la condamnation du navire, en ce qui concerne la condamnation, ces pièces dressées et affirmées d'après les lois Françaises, légalisées par l'inspecteur général de Saint-Domingue et timbrées par lui ; ces documents irréfragables établissaient le légitime droit des propriétaires du *Two Sisters*. Ces pièces, conservées et sauvées au milieu des désastres de toute nature, qui ont accompagné et suivi l'expédition de Saint-Domingue, furent représentées et déposées dans les bureaux de la marine.

Votre Excellence avouera, nous en sommes surs aujourd'hui, qu'il est difficile de se présenter devant un tribunal avec autant de titres, avec des titres plus positifs ; et une commission, quoique nommée par un acte du despotisme, est certainement tribunal, lorsqu'elle est appelée à décider de la fortune des citoyens. Nous sommes forcés d'entrer dans toutes sortes de détails, et Votre Exc. trouvera, nous le craignons bien, cette lettre un peu longue ; mais l'on ne peut pas être court, lorsqu'on parle des injustices commises par le dernier gouvernement ; elles sont frappantes dans la cause dont il s'agit ici. En effet, si la Commission avait daigné s'éclairer sur la validité des titres que lui soumettaient les réclamants, elle eût appelé le témoignage de messieurs *Perroud* et *Voisin*, témoignage que les réclamants invoquaient comme autorité légale et

parfaitement instruite des faits ; alors , il devenait facile à la Commission d'éviter une grande
injustice , et de prononcer une décision juste

En effet, nul doute que M. *Perroud,* dont
nous ne craignons pas encore aujourd'hui d'invoquer l'équité , nul doute que M. *Perroud*, ex-
Ordonnateur à Saint-Domingue , s'il avait été
appelé , comme le demandaient les réclamants,
à la Commission de liquidation, n'eût déclaré :
Qu'il était à sa connaissance que le *Two Sisters*
avait été mis en *réquisition* au cap *pour l'évacuation* de cette place ; que le capitaine *Bascom*
( qui n'était que le prête-nom, le *pavillon neutre*
si l'on peut parler ainsi , de MM. *Legay-
d'Arcy* , *Crevel* et *Prévost Montfort*, ) avait
protesté et refusé d'obtempérer à ladite réquisition, si on ne faisait pas inventorier et estimer
ledit navire, pour être payé *dans le cas où il
serait pris par les Anglais et confisqué par suite
de ladite réquisition ;* que le navire avait été
légalement inventorié et estimé par qui de droit;
que dans sa qualité d'*Ordonnateur* de la colonie,
M. *Perroud* avait coopéré à ce travail , mais qu'il
croyait que le navire *estimé* régulièrement à 100
mille francs , ne devait être payé que 50 mille ,
*parce qu'il n'avait pas dû coûter plus cher aux
propriétaires ;* ( comme si un gouvernement avait
le droit, en *s'emparant, par force,* d'une pro-

priété , de s'attribuer le bénéfice que le parti-
culier aurait pu faire, dans l'acquisition de cette
propriété ! D'ailleurs, le *Two Sisters* , entièrement délabré, au moment de l'achat, avait été
depuis réparé, regréé, approvisionné et mis à neuf,
par les acquéreurs) ; qu'il avait été mis à son
bord des passagers au compte du gouvernement;
qu'il n'avait pas connaissance que le gouvernement eût fourni des vivres pour ces passagers ;
qu'à cette époque il n'existait pas de vivres dans
les magasins de l'Etat, et que le capitaine avait
été chargé, par *un ordre précis et formel*, de
pourvoir à la subsistance desdits passagers ; qu'il
ne pouvait pas douter que le *Two Sisters*, portant *pavillon américain*, était le même navire
qui avait navigué à Saint-Domingue sous le nom
de l'*Hector Daure*, portant *pavillon français*;
que ce navire, par suite de deux réquisitions
forcées, avait fait le voyage du Cap au Port
au Prince, et celui du Port au Prince au Cap;
que des effets appartenants au gouvernement
avaient été *avariés* à bord de ce navire, dans
son retour du Port au Prince au Cap, *par suite
de mauvais temps*, ainsi qu'il avait été constaté
par un procès-verbal dressé à bord par le capitaine, les officiers, et des officiers d'administration passagers ; que le frêt du navire avait été
payé au Cap, par ordre du préfet, M. *Magnitot*,

*postérieurement* à ces avaries ( ce qui décharge légalement les armateurs du fait des *avaries* ) ; que *postérieurement* auxdites *avaries* ( dont la commission de liquidation a fait dix ans après tant de bruit ), le navire l'*Hector-Daure* a été vendu *publiquement* par devant *les autorités légales* ; qu'il a changé de pavillon, de nom, d'équipage et *ostensiblement* de propriétaire, *sans qu'il ait été fait par le gouvernement opposition à la vente, ni au payement du navire* pour le fait *de ces avaries ;* qu'il est d'après cela, notoire, suffisament prouvé, et incontestable que le gouvernement n'a jamais pensé, à St-Domingue, avoir le moindre droit de réclamer des propriétaires de l'*Hector-Daure* devenu le *Two Sisters* le payement desdites *avaries* ; que lui *Perroud*, ordonnateur en chef de la colonie, placé à la tête de l'administration, avait offert, *postérieurement* à ces *avaries*, à M. *Crevel* qui se trouvait alors au Cap, un fort-à-compte sur le payement du Brick *les Trois Amis*, lequel venait d'être pris, en effectuant l'évacuation de la place de Saint-Marc, à-compte que M. Crevel ne put se permettre de recevoir, n'y étant pas autorisé par ses co-intéressés dans la propriété dudit brick *les Trois Amis ;* qu'enfin, il est à sa connaissance que le navire *Two Sisters*, du port de 500 tonneaux environ, et sur lequel se trouvaient des

*militaires* français, a été pris par les Anglais,
conduit à la Jamaïque, déclaré de bonne prise,
et confisqué... Voilà bien certainement les déclarations qu'eût faites M. l'ex-ordonnateur *Perroud*, si la commission l'eût interpellé, ainsi
qu'elle était tenue de le faire ; elle eût encore
trouvé de nouvelles lumières, de nouvelles preuves dans les déclarations de M. *Voisin*, ex-ins-
pecteur général de la colonie de St-Domingue,
qui était passager supérieur à bord du *Two Sisters* lors de l'évacuation du Cap, et de la prise
de ce navire par les Anglais.

En effet, nul doute qu'il n'eut déclaré, qu'il était
à sa connaissance, que le navire le *Two Sisters*
portant pavillon *américain*, avait été mis en *réquisition* au Cap français pour l'évacuation de
cette place ; que ce navire avait été légalement inventorié et estimé par l'autorité com-
pétente ; qu'en sa qualité d'Inspecteur général
de la Colonie, il avait *légalisé* ladite estimation ;
qu'il avait été embarqué des passagers à bord de
ce navire par ordre du gouvernement ; qu'il
évaluait à six ou sept cents le nombre des personnes sauvées à son bord ; qu'au moment de
l'évacuation du Cap, il n'y avait pas de vivres
dans les magasins du gouvernement ; que le
gouvernement même n'avait pu en fournir aux
assagers ; que le capitaine avait été obligé, *par*

*ordre*, de les nourrir ; que la veille du jour de l'apareillage le navire ayant *échoué* par l'impé- ritie du capitaine *Bascom* , et perdu ses *embarcations*, les passagers n'avaient que l'alternative d'être engloutis avec les débris du *Two Sisters*, ou égorgés par les nègres, qui massacrèrent sous leurs yeux 5o à 6o Français sur une petite *goelette* qu'ils abordèrent ; qu'un des armateurs qui se trouvait à bord, par les bonnes dispositions qu'il ordonna , par l'activité et le sang froid qu'il montra dans un danger aussi pressant, parvint à le *dégager* et à le *mettre à flot;* qu'enfin , il est à sa connaissance, que ce navire fut pris par les An- glais, conduit à la Jamaïque , et confisqué.......

La Commission eût acquis, ainsi, la preuve de la vérité des faits avancés par les réclamants ; d'après cette masse de faits, de titres, de docu- ments sans réplique , les réclamants devaient être, ils étaient donc dans une entière sécurité sur la décision que prendrait à leur égard la com- mission de *liquidation;* ils avaient attendu, pen- dant dix ans, l'effet des promesses du gouver- nement : au bout de ce temps, après un si long délai, la commission termina ses travaux ; mais, à cette époque, le Colonel LEGAY - D'ARCY faisait la campagne de Russie, commandant le quartier général de M. le Maréchal Duc de

Bellune; le Chef d'escadron CREVEL, faisait
la même campagne, en qualité d'Aide-de-camp
de M. le Lieutenant-général Comte de Valence;
M. *Prevost Montfort* était mort de misère et de
désespoir; M. *Cotentin*, chargé des affaires des
trois intéressés, et de leurs réclamations auprès
du gouvernement, avait été assassiné, et l'on se
rappèle encore, à Paris, l'horreur profonde
qu'excita l'atroce mutilation de ce banquier.

La Commission, nous lui devons cette justice,
se trouvait donc privée, par cette réunion de
circonstances, par l'absence forcée et légale des
réclamants, par la mort de leur représentant et
fondé de pouvoirs, elle se trouvait privée de tous
les renseignements nécessaires pour l'éclairer,
et la guider dans ses décisions; personne ne
se présenta, personne ne put même se présenter
pour suivre les intérêts des réclamants; ils étaient
à cinq cents lieues de leur patrie, ils obéissaient
aux lois militaires, et remplissaient des fonctions
qu'il ne leur était pas permis d'abandonner; la
nature même du service et les dangers auxquels
ils étaient, alors, exposés, devenaient pour eux
des titres à la sollicitude et à la justice de la Commission de *liquidation :* telles étaient leurs espé-
rances, telles étaient leurs consolations dans les
déserts de la Russie; ils croyaient que leurs mal-

heurs même(*) rendraient leurs droits plus sacrés, s'il était possible, aux yeux de la Commission ; mais, hélas! il en fut bien autrement ; et peut-être ne dirait-on que la vérité en assurant que cette Commission avait reçu du chef du gouvernement l'ordre de *liquider* au plus grand bénéfice du fisc, c'est-à-dire, sans forme de procès et indépendamment de toute considération. La Commission ignora complètement, *ou voulut ignorer* que l'*Hector-Daure* et le *Two Sisters* était une seule et même chose, le même navire qui avait seulement changé de nom et de pavillon, par la force des circonstances, *mais d'après l'autorisation légale* du gouvernement français de la colonie de St-Domingue, et dans l'intérêt même du gouvernement français, puisque la *naturalisation* du *Two Sisters* tendait à assurer le salut des Français embarqués sur son bord, et devait épargner au gouvernement le montant de l'*estimation*; la Commission crut pouvoir rejeter les réclamations des propriétaires du *Two Sisters*, sous

(*) On sait tout ce que cette épouvantable campagne a dévoré. Elle a coûté au Chef d'escadron Crevel cinq chevaux et tous ses équipages ; mais le Colonel Legay-d'Arcy, après y avoir eu huit chevaux tués ou pris, y avoir perdu sa voiture et tous ses bagages, ne s'en est échappé que couvert de blessures, gelé, mutilé, mourant et couvert de hideux lambeaux.

prétexte que ce navire était *américain* (ce qui dans tous les cas ne pouvait rendre leurs droits ni moins justes ni moins positifs), quoique les réclamants fussent nantis de titres probants, de pièces irrécusables, et de conditions d'affrêtement connues de tout le commerce de France, titres, pièces et conditions qui rendaient les réclamants créanciers de droit, et au premier chef, du gouvernement français; et en même temps, par une confusion, une injustice et une contradiction qui jusqu'alors n'avaient eu d'exemple dans aucun tribunal, la Commission de *révision* décida que les réclamants seraient tenus de payer à l'Etat la somme de 47,162 francs 25 centimes pour *avaries* qui auraient eu lieu, par le fait des armateurs, sur des effets appartenants au gouvernement et chargés sur ce *bâtiment qu'ils reconnaissaient alors pour français.* De cette manière, et aux yeux de la Commission, le navire était *américain*, lorsque le fisc était tenu d'en payer la valeur aux propriétaires, il était *français*, lorsqu'il s'agissait de rendre les propriétaires passibles en faveur du fisc d'*avaries* qui n'étaient pas de leur fait, qui n'avaient point été constatées régulièrement, et qu'un procès verbal valable démontrait, au contraire, avoir été l'effet du *mauvais temps*, comme nous l'expliquerons plus

3

bas; ensorte que la Commission spoliait les réclamants , en écartant la créance qu'ils avaient sur
le gouvernement, et qu'elle consommait leur
ruine , en leur imposant une dette dont ils n'é-
taient, ni ne pouvaient être tenus, d'après aucune
justice; ensorte que cette Commission ne se con-
tentait pas de ravir la propriété , elle trouvait
encore , elle faisait *présenter* des créanciers qui
venaient exiger des dédommagements en faveur
de l'injustice qu'elle exerçait.

Ces réflexions sont graves et douloureuses,
Monseigneur, mais ce n'est pas notre faute, et on
aurait tort de suspecter notre intention lorsqu'il
nous est devenu impossible de faire d'autres réflexions que celles qui naissent du sujet même que
nous développons. Aussi nous ne chercherons
point à pénétrer les motifs de *la Commission de
révision,* dans les arrêtés qu'elle a pris; nous nous
bornerons à faire observer , très-succinctement ,
que dans le temps où la Commission rendait ses
arrêtés, le payement d'une créance était devenu
une faveur; que dans ce temps-là, l'Etat payait
ses créanciers à peu-près comme il demandait
*au nom de la patrie* , le dernier enfant des familles pour le conduire à la *victoire* ; que dans
ce temps-là, une foule de fonctionnaires , la
honte de l'administration française, dépouillaient

les citoyens dans l'intérieur de la France , pour
fournir aux immenses dilapidations qu'exigeait la
*mort glorieuse* de ces citoyens, aux extrêmités de
l'Europe ; que dans ce temps-là enfin , *on ne
liquidait que pour ruiner* , comme l'a dit si bien,
dans la chambre des Pairs, l'illustre Maréchal ,
plein de loyauté et de gloire, dont nous nous
permettons de rappeler ici les expressions de
franchise.

Nous parlons, Monseigneur, des temps de
despotisme et d'injustice , avec une liberté d'autant plus entière , qu'aucune de nos observations , à cet égard , ne peut concerner Votre
Excellence ; son caractère est honorablement
garanti de toute inculpation , et c'est même ce
caractère qui devient notre espérance dans le
moment où nous vous demandons , auprès de
Sa Majesté, la protection et la justice qui dé-
pendent de vous, que vous nous devez , et qu'il
ne peut vous être permis de nous refuser ; car
alors, vous cesseriez d'être juste, et cela ne
peut pas être.

Nous sommes loin de penser que la Commission de liquidation , considérant les militaires
employés à la campagne de Russie comme dé-
voués à une mort certaine, croyait pouvoir ruiner
*impunément* ces militaires , leurs familles , et

même les créanciers de ces familles : on a dit ces
choses dans le public, mais de telles accusations
sont des calomnies politiques que nous sommes
dispensés de réfuter. Comment la Commission
de *révision* a-t-elle pu, néanmoins, prendre, en
même temps, deux arrêtés aussi essentiellement
contradictoires que ceux qu'elle a rendus au sujet
du *Two Sisters*, et au sujet des *Trois Amis ?*
comment a-t-elle refusé de payer le premier,
et a-t-elle consenti à payer le second de ces
navires ? En décidant ainsi, elle publiait elle-
même l'injustice de l'une ou de l'autre de ces
deux *décisions*, puisque les deux navires étaient
placés dans la même catégorie, de droit et de
fait. Il n'y a pas là de milieu, Monseigneur,
car ce qui est blanc ne peut pas être noir, ce
qui est juste pour l'un, ne peut cesser de l'être
pour l'autre.

En effet, le brick les *Trois Amis*, était
venu de France à Saint-Domingue, en l'an 11,
frêté par le gouvernement français et chargé de
troupes ; il avait été mis en réquisition dans cette
colonie, pour se rendre, du Cap, au Môle Saint-
Nicolas, *réquisition après laquelle le capitaine*
*de ce navire avait été libre de suivre la desti-*
*nation qu'il lui aurait convenu de prendre.* Revenu *volontairement* au Cap, il avait été mis

en *réquisition* pour se rendre à Jacquemel, d'où le capitaine, sa réquisition exécutée, *avait été libre* de conduire son navire où bon lui eût semblé. Le brick les *Trois Amis*, ayant fait un *voyage libre* au Port au Prince, ayant demeuré plus de trois mois dans cette rade *sans emploi*, pouvant à son choix faire voile pour la France ou pour les Etats-Unis, avant que la déclaration de guerre eût été connue à Saint-Domingue, subit une troisième *réquisition* pour aller évacuer la garnison de Saint-Marc. Cette garnison fut mise à bord au moment d'appareiller, et les vivres furent fournis des magasins de l'Etat, moins dénués dans la *partie de l'ouest*, que dans la *partie du nord* de la colonie. Le brick les *Trois Amis* fut pris par les Anglais. La Commission en a ordonné le payement, l'a liquidé à la somme de 40,732 francs, et déduction faite de la retenue de 3 pour cent, en faveur des invalides, à la somme définitive de 39,510 fr. 4 cent.

Cette décision était éminemment juste, Monseigneur, et c'est elle qui rend éminemment injuste la décision rendue contre le *Two Sisters* ou *Hector Daure*, que Votre Excellence ne voudra plus séparer désormais, ni de nom, ni de droit ; car le *Two Sisters*, arrivé à Saint-

Domingue, au commencement de l'an 11, comme le brick les 3 *Amis*, affrêté par le gouvernement, et chargé de troupes, avait été mis depuis cet iustant en *réquisition permanente ;* ce navire, dans un espace de neuf mois, n'avait jamais eu, pendant un seul jour, pendant une heure, la *liberté* de suivre la destination que les armateurs voulaient lui donner *pour Norfolck, pour Charles-town*, etc. Le gouvernement l'avait mis en *réquisition*, quoiqu'il fût affrêté déjà par un contrat public, pour les Etats - Unis, et les armateurs avaient été forcés de subir un procès et de payer de forts dommages aux affrêteurs, parce qu'il avait plu au gouvernement français de mettre ledit navire en *réquisition :* on lui avait successivement enlevé, et par des *réquisitions de rigueur ;* ses matelots, ses ouvriers, son charpentier, ses canots, pour les appliquer au service des vaisseaux de l'Etat ; il avait été formellement *retenu* pour l'évacuation du Cap, et sept cents passagers environ avaient été mis à bord ; la ville du Cap étant affamée, les propriétaires avaient été obligés de se pourvoir, à tout prix, des vivres nécessaires à la subsistance des passagers que le gouvernement avait, *d'ordre formel,* envoyés à son bord ; et, enfin, le *Two Sisters*, en effectuant l'évacuation du

Cap, avait été pris par les Anglais, comme le brick les *Trois Amis*, en évacuant la place de Saint-Marc ! Une seule différence caractérise le *Two Sisters* des *Trois Amis*, et elle milite victorieusement en faveur des propriétaires du premier de ces navires ; c'est que, victimes de *réquisitions sans nombre et sans terme*, exposés d'une manière certaine, par le gouvernement de la colonie, à perdre leur navire, dont la disposition avait cessé de leur appartenir *par le fait desdites réquisitions*, ils avaient mis ce navire sous pavillon *neutre*, sous pavillon *américain*, espérant le soustraire, ainsi, à la condamnation anglaise ; mais ce changement de pavillon, qui opérait seulement le changement nominal du propriétaire du bâtiment, avait eu lieu *d'une manière légale*, en observant les *lois françaises*, avec *l'approbation des autorités françaises* qui avaient fait procéder à l'*estimation* et *inventaire* dudit navire : il est, par conséquent, incontestable que ledit navire cessait pas d'être *français*, sous pavillon *américain*, et que toutes les précautions employées pour lui conférer ce dernier pavillon, sont autant de preuves qui attestent qu'il était et qu'il ne cessait pas d'être *français*, d'être affecté aux besoins du *gouvernement français;* le changement de pavillon , le changement de nom dans le propriétaire du navire , étaient donc de purs objets de forme , de précaution , de nécessité , objets approuvés et légalisés par l'autorité française : cette forme était dans l'intérêt même du gouvernement ; il l'avait autorisée , légalisée ; le *Two Sisters*, portant pavillon *américain*, ne perdait pas plus au fond sa qualité nationale vis-à-vis du gouvernement , qu'un Envoyé muni d'un passe-port indiquant un autre nom que le sien , ne cesse aux yeux du gouvernement qui a conféré ce passe-port, d'être lui-même , d'être l'Envoyé du gouvernement , et d'être ce qu'il était avant de revêtir le nom supposé du passe-port. La cour de vice-amirauté de la Jamaïque a tellement reconnu la vérité du principe ( que le navire ne cessait pas d'être *français* ), qu'en prononçant la confiscation du *Two Sisters*, sous pavillon *américain* , elle l'a condamné *comme appartenant, au temps de capture et saisie d'icelui, aux ennemis de la Grande-Bretagne, et comme ce, et non autrement.* Le navire a donc été condamné comme *français* , comme chargé de *troupes françaises* et de propriétés du *gouvernement français* : donc , le gouvernement français était rigoureusement tenu de payer aux propriétaires dudit navire, la valeur *estimée* de ce navire , ensemble le montant du fret et des vivres fournis aux passagers , par ordre du gouvemeut, puisque son chargement au nom du gouvernement français , et surtout la garantie de ce gouvernement en faveur des propriétaires , ont motivé , *seuls ,* sa condamnation.

Nous vous demandons encore une fois pardon , Monseigneur , des nombreuses répétitions dans lesquelles nous sommes forcés de tomber , mais s'il ne faut que quelques mots pour prouver qu'un acte est juste , il faut un amas de preuves pour démontrer qu'un acte comme celui rendu par la commission est injuste et contraire aux lois. Une Commission peut bien prononcer en peu de mots, sur la fortune des citoyens, et la Commission de *révision* a même dépouillé les réclamants en trois mots, *vu, révisé approuvé ,* ainsi que nous le dirons tout à l'heure ; mais , malheureusement il faut répéter et les faits, et les preuves qui viennent à l'appui, lorsqu'on combat uue décision contraire à toutes les lois.

Par exemple , quelle loi, dans le monde , pourrait, nous ne dirons pas légitimer , mais excuser la décision de la Commission relative à la dette de 47,162 fr. 25 c. dont elle a prétendu rendre *passibles* les propriétaires du

navire le *Two Sisters* , et comment qualifier,
sur tout, l'application de cette dette à la personne de M. *Crevel*, co-propriétaire dudit navire,
en refusant le payement des sommes liquidées à
Saint-Domingue et légitimement dues , et en
s'emparant de la *moitié* du montant de la liquidation du brick les *Trois Amis* , dans
lequel M. Crevel n'était intéressé que pour un
*quart?*..... De mémoire d'homme, il n'a peut-
être pas été rendu un jugement plus dérai-
sonnable et pour l'injustice, et pour la forme
dans laquelle cette injustice est consacrée ; la
Commission , sous prétexte *d'avaries*, sur des
effets appartenants au gouvernement, lesquelles
auraient eu lieu , à bord de l'*Hector-Daure;*
évaluant ces *avaries* , non constatées et par
conséquent disputables , à la somme de 47,162 fr.
25 c., a décidé que ladite somme dont la
Commission constituait débiteur M. *Crevel* en
sa qualité de co-propriétaire du *Two Sisters*,
serait retenu sur la somme de 39,510 fr. 4 c.
que le gouvernement reconnaissait devoir aux
propriétaires du brick les *Trois Amis*, navire
dans lequel M. *Crevel* était intéressé seulement pour *un quart*, lequel quart ne lui donnait droit qu'à la somme de 9,877 fr. dans la
distribution des 39,510 fr. 4 c. dus pour paye-

ment du brick les *Trois Amis ;* mais, Monseigneur, si la Commission dont vous étiez le
chef, se dit fondée à rejetter le payement du
*Two Sisters* parce que ce navire *était amé-*
*ricain et appartenait à un citoyen des Etats-*
*Unis* (M. *Bascom*), pourquoi demande-t-elle
aux réclamants qui sont *Français*, qui ne sont
pas, (*selon la Commission*,) les propriétaires
du *Two Sisters*, pourquoi leur demande-t-elle
le payement d'une somme, qui, en la sup-
posant dûe, ne pourrait être dûe que par ledit
*Bascom* lequel assurément n'a aucun intérêt dans
la liquidation du brick les *Trois Amis?* Avouez,
Monseigneur, qu'un tel argument est sans réplique. Mais la Commission avait réponse à
tout; elle a trouvé plus juste, c'est-à-dire plus
*convenable*, d'enlever arbitrairement 8,301 fr.
à M. *Villemey*, co-intéressé dans ledit brick,
et de charger M. *Crevel* de payer cette dernière
somme audit M. *Villemey*; en sorte que la Commission, sous prétexte que M. *Crevel* était débiteur de l'Etat, s'emparait sans forme ni
raison, de la propriété d'un *tiers*, qui se
trouve, de tous points, étranger à M. *Crevel*,
et qu'elle obligeait M. *Crevel* de satisfaire ce
*tiers* qu'on jugeait expédient de dépouiller
aussi gratuitement! L'on croit, en vérité, dé-

raisonner, lorsqu'on veut se persuader que la Commission de liquidation a réellement pris un arrêté semblable.

Mais, sur quels fondements, du moins, a-t-elle prétendu rendre M. *Crevel* débiteur envers l'Etat? D'après les *avaries* qui auraient eu lieu, par la faute de cet armateur, à bord de l'*Hector Daure* (ou *Two Sisters*), chargé d'effets appartenants au gouvernement. Quels étaient ces effets, et comment les *avaries* ont-elles été produites?

## *AVARIES.*

L'*Hector Daure* fut affrêté par le gouvernement de Saint-Domingue et chargé de transporter des effets d'habillement, du Port-au-Prince au Cap, par un traité en date du 8 prairial an 11. Ces effets éprouvèrent des avaries considérables, par l'effet du *mauvais temps*; un procès-verbal de l'adjoint aux commissaires des guerres, *Leroy*, assisté d'un Officier d'état-major et de deux experts, daté des 23 et 30 messidor, porte : « que les experts in-
» terrogés sur les causes des *avaries* ont dé-
» claré qu'un *évènement extraordinaire* pou-
» vait seul les avoir occasionnées; qu'il était

» évident qu'elles provenaient du séjour de
» l'eau sur lesdits objets; qu'en conséquence,
» elles ne pouvaient être imputées à défaut
» de soin dans l'emballage et arrimage desdits
» effets, mais au défaut de surveillance pen-
» dant la traversée; sur quoi ayant entendu
» le capitaine du bâtiment, il nous a assuré
» que l'eau qui avait mouillé ces effets s'était
» introduite par le sabord de veille, dont le
» *mauvais temps* avait enlevé l'étoupe mise
» pour prévenir cet accident, ce qui ne pou-
» vait lui être imputé à faute, se trouvant,
» *vû l'encombrement des effets*, dans l'im-
» possibilité de faire recalfater l'ouverture,
» *ce qu'il nous a justifié par le procès-verbal*
» dressé à bord le 6 du présent mois, etc. »

Voilà, certes, Messieurs, le capitaine et les
armateurs de l'*Hector Daure*, légalement dé-
chargés du fait des *avaries* ; surtout lorsqu'ils
prouvent que le chargement de ce navire n'a-
vançant pas aussi promptement que le désirait
M. l'ordonnateur, et l'équipage ne pouvant y
suffire quoiqu'il travaillât jour et nuit, on en-
voya à bord un aspirant de marine avec vingt-
deux hommes de corvée; que dans la confusion d'un chargement aussi précipité, *il ne
fut pas tenu de livre de subord, qu'on ne put*

*établir de facture du chargement*, et que par conséquent le capitaine de l'*Hector Daure* qui n'était pas M. *Crevel*, ( comme M. le rapporteur l'avance *faussement*, et cependant avec *intention* ), mais bien véritablement le S<sup>r</sup>. Anselme-Septan Dubourg, qui *ne signa pas de connaissements*, toute autorité, d'ailleurs, lui ayant été enlevée par le détachement de marins qui s'était établi militairement à bord ; Que n'ayant *pas signé de connaissements, il ne pouvait devenir responsable ni de la quantité ni de la détérioration d'effets qu'il n'avait nullement reconnus.* Sa probité seule lui faisait un devoir de rendre de bonne foi les effets comme il les avait reçus, il devait le faire, et il le fit.

Le navire partit, rempli d'une grande quantité de meubles et d'objets *d'encombrance* qui l'embarrassaient beaucoup et ne le chargeaient pas, la cale et l'entrepont étaient *bondés*, le pont même était tellement couvert de meubles, de caisses, de grands papiers, de bahuts et de passagers qui ne pouvaient se loger ailleurs, qu'on avait beaucoup de peine à manœuvrer.

C'est, dans cet état, qu'à la pointe de l'Est de l'île de la *Tortue*, le navire courant tribord-amûre, reçut une raffale si violente que son petit hunier, tous les ris pris, fut emporté ; et, que la force du vent allant toujours en augmentant, le navire était au moment de chavirer, l'eau entrant avec violence par les hauts du bâtiment, et par *un sabord de veille , qui se trouvait entièrement sous l'eau par l'inclinaison du navire*, et dont *l'étoupe avait été enlevée*. En peu de temps, il y eut six et huit pieds d'eau dans la calle, l'embarras de l'entrepont ne permit pas de calfâter de suite ce sabord en dedans, et cette eau s'étendant dans la partie de l'avant la faisait plonger dans la mer, et élevait la poupe hors de l'eau ; le navire ne gouvernait plus ; les passagers avaient eux-mêmes jeté à la mer leurs effets qui se trouvaient sur le pont ; la situation était désespérée, on coupait le mât d'artimon, on allait couper le grand mât, quand enfin, une *embellie* permit de hisser le grand foc et de virer lof pour lof, pour prendre les amûres à l'autre bord, etc.

Le procès verbal, du 6 *messidor*, qui constatait ces faits, fut remis au Cap, au susdit commissaire des guerres *Leroy*, et annexé aux procès verbaux des 23 et 30 *messidor*. Le procès verbal du 6 *messidor*, établi d'une manière authentique, n'a pas été annullé par l'ordonnateur en chef *Perroud*, qui avait évidemment le droit de le faire annuller, s'il y eût reconnu, alors, fausseté ou inexactitude grave ; bien plus, ledit S<sup>r</sup> *Perroud* a payé *postérieurement*, par ordre du Préfet colonial, aux armateurs de l'*Hector Daure*, et dans la personne de M. *Crevel*, ce qui leur était dû par le *traité pendant l'exécution duquel* lesdites *avaries* avaient eu lieu.

Les 23 et 30 *messidor*, les experts avaient reconnu l'existence des *avaries* ; un troisième procès verbal, en date du 29 *fructidor* « recon- » naît la quantité de sept mille neuf cent sept » chapeaux *avariés*, de laquelle on a distrait mille » huit cents chapeaux *moins avariés*, reste six » mille cent quatre-vingt-sept complètement » *avariés* ». Ce procès-verbal continue ainsi, » les autres cinq mille cent quatre-vingt-sept » chapeaux entièrement perdus, etc. » Il y a donc évidemment une *erreur de mille* chapeaux ! ! ! C'est cependant un tel acte, c'est ce procès ver- bal du 29 *fructidor* que la Commission considère comme *authentique* et *positif*, et qu'elle prend pour base de sa décision !

Les procès verbaux des 23, 30 *messidor*, et 29 *fructidor*, ne renferment pas un seul mot qui puisse faire soupçonner qu'on ait jamais voulu rendre M. *Crevel* responsable des *avaries* ; si on l'eût considéré comme passible des faits desdites *avaries*, on eût exigé sa présence, ou plutôt celle du capitaine Anselme - Septan *Dubourg*, aux procès verbaux ; ils n'y ont pas assisté ; ils n'ont signé, *ni factures*, *ni connaissements ;* et les procès verbaux des 23 et 30 *messidor*, et 29 *fructidor* n'offrent pas même une preuve positive que les chapeaux *avariés* proviennent de l'*Hector Daure ! ! !* Le procès verbal du 29 *fructidor* constate seulement la perte de cinq mille cent quatre-vingt-sept chapeaux ; les mille huit cents autres, quoiqu'en mauvais état, avaient encore une valeur qu'on aurait dû constater ; il est encore essentiel de remarquer qu'on a laissé *pendant deux mois* ( du 30 *messidor* au 29 *fructidor* ), la totalité de ces chapeaux imprégnés d'eau de mer, ce qui a dû nécesssairement les pourir. On voit, à quel point les irrégularités et les erreurs dont le procès verbal du 29 *fructidor* est rempli, le *frappaient de nullité ;* les erreurs et omissions de toute espèce y sont, en effet, si remarquables, que sa simple lecture prouve qu'il n'a été fait que pour *décharger un garde magasin.* ( Pièces justificatives 18. )

La commission a écarté toutes *ces considéra-tions majeures ,* et tombant de bévues en bévues « *elle a été d'avis* ( ce qui veut dire sans doute

4

» qu'elle a arrêté ) de faire supporter *provisoire-*
» *ment* à M. *Crevel* le montant de la perte de
» *six mille neuf cent quatre-vingt-sept* chapeaux
» dont l'avarie est constatée *authentiquement,*
» par le procès verbal du 29 *fructidor* an 11,
» ainsi qu'elle est déjà fixée, *sauf au sieur Cre-*
» *vel à rapporter la preuve que cette avarie n'est*
» *pas de son fait* ». Et la Commission ruine *pro-*
*visoirement* ; elle s'établit en faux compte, puisque mille huit cents chapeaux étant reconnus
avoir été conservés sur une totalité de six mille
neuf cent quatre-vingt-sept, il ne peut y en avoir
que cinq mille cent quatre-vingt-sept de perdus ;
elle en *fabrique* donc *mille huit cents* de plus,
en exigeant *provisoirement* le payement de six
mille neuf cent quatre-vingt-sept ; en outre, la
Commission se ment à elle-même, puisque les
pièces, qui établissaient que les *avaries* n'étaient
pas imputables à M. *Crevel,* qui dans aucun cas
n'en était passible, existaient dans les bureaux
du ministère de la marine : la Commission était,
ce me semble, destinée à donner dans toutes
les sortes d'écarts, dans la liquidation de l'*Hector*
*Daure,* ou *Two Sisters* en voici : encore une
preuve.

L'arrêté de la Commission, en date du 18 mars,
porte textuellement « qu'on ne peut *avec justice*

» imputer sur la portion appartenante à M. *Vil-*
» *lemey* (dans la liquidation du brick les *Trois*
» *Amis*), la somme dont le sieur *Crevel* était
» reliquataire envers le gouvernement; que la
» retenue de cette somme ne peut s'exercer que
» *sur la portion appartenant au sieur Crevel*,
» comme étant personnellement responsable de
» ce qu'il doit au gouvernement, etc. ». Voilà
des idées sages, et des mesures *justes*; mais croi-
ra-t-on que la même Commission qui vient de les
mettre en avant, ait établi sans preuves. ait par
conséquent voulu *supposer* que MM. *Villemey*
et *Crevel* étaient propriétaires par *moitié* du brick
les *Trois Amis*, et qu'elle ait exercé dans cette
proportion, *par moitié*, une retenue aussi absurde qu'inique ? C'est pourtant ce qui a eu lieu,
ce que la Commission a décidé, comme Votre
Excellence a dû s'en convaincre déjà en lisant
cette lettre. Mais, il est positif, d'après des actes
authentiques, que M. Villemey était propriétaire
des *trois quarts* du navire les *Trois Amis*, et
que M. *Crevel* n'était propriétaire que *d'un quart*.
MM. *Tournal* et *Lallier*, chargés de la procuration de MM. *Villemey* et *Crevel* ont voulu éclairer la Commission à ce sujet, elle n'a pas seulement daigné les écouter, et lorsqu'ils ont adressé
à Son Excellence le ministre de la Marine, l'acte

régulier de la vente d'*un quart* du navire les *Trois Amis*, consenti par M. *Villemey* à M. *Crevel*, ils n'ont obtenu aucune réponse de ce ministre.

Même en ne donnant son *avis* que *provisoirement*, la Commission, comme vous le voyez, Monseigneur, ruinait sans façon les réclamants et leur imposait en outre, une dette dont ils ne pouvaient être tenus. Elle a pris à M. *Villemey* une partie de sa propriété, sous prétexte que M. *Crevel* était débiteur du gouvernement, ce qui est à peu près aussi juste que le serait un *avis* ou arrêté, même *provisoire*, qui prendrait dans une liquidation quelconque, neuf mille francs à *Pierre*, parce que *Paul* qui en doit dix-huit mille, n'a que neuf mille francs à toucher dans la liquidation : *Ergo*, dirait l'arrêté, *Pierre* doit payer pour *Paul !!!* Cette espèce de justice *distributive* pouvait avoir force de loi sous le dernier gouvernement, mais le gouvernement légitime de Louis XVIII l'a proscrite, et nous invoquons hautement votre protection auprès de ce Monarque, pour faire réparer cette injustice.

Avant de mettre sous vos yeux, Monseigneur,
l'arrêté de la Commission qui fait l'objet princi-
pal de cette lettre, veuillez nous permettre d'ar-
rêter un instant votre attention sur deux points
essentiels ; la déclaration et protestation faites
par le sieur *Élias Bascom*, pardevant *Moreau*,
notaire au Cap, le 4 frimaire an 12, par rapport
à la mise eu réquisition de son navire le *Two
Sisters*, le 28 *brumaire*, c'est-à-dire six jours
auparavant ; et les *surrestaries* qui sont dues
aux réclamants ; cette protestation prouve que
les propriétaires du *Two Sisters*, après s'être
vu enlever leur bâtiment pour le *service du gouvernement, et pour l'évacuation du Cap, pour
recevoir à bord la quantité de troupes qui lui
seraient destinées, et pour faire les vivres et
l'eau nécessaire pour leur transport* ( pièces justificatives 19 ) demandèrent au général en chef,
de faire procéder à *l'estimation* de leur navire,
afin que le gouvernement français qui s'en emparait, en payât la valeur, dans le cas où il serait pris : *réquisition, protestation* et *estimation*
qui obligent, selon toute justice, le gouvernement français à payer aux réclamants la valeur
dudit navire. Quant aux *surrestaries*, ils ont un
droit aussi évident à en demander le payement ;
car le *Two Sisters* avait fait au Cap des dépen-

ses indispensables et *forcées*, avant de prendre
mer, *pour obtempérer à la réquisition*; ce navire
ayant été rétenu dans la rade de *Kingston*, par
suite de *la réquisition du gouvernement français*,
il est clair *que les salaires et la nourriture de
l'équipage avaient été à la charge des armateurs*; et ils sont d'autant plus fondés à demander ces *surrestaries*, que si leur bâtiment n'avait
pas été condamné, elles n'auraient été *qu'une
juste indemnité de la détérioration des agrès,
apparaux, et de la coque du navire, qui étant
doublé en bois, avait été tellement piqué du
ver sur la rade de Kingston* ( tout le monde sait
qu'en trois mois, le ver détruit, dans cette rade,
le doublage d'un navire quand il est en bois ),
*qu'il n'aurait pu reprendre la mer sans un dou-
blage neuf.*

Les titres des réclamants établis et authentiquement prouvés, il ne reste qu'à examiner
comment la Commission y a fait droit : nous
allons voir le rapport fait par le conseiller d'Etat
N.... et la décision prise par la *Commission de
révision.*

Ici, nous n'avons plus à discuter; c'est la Commission elle-même qui va dévoiler les erreurs
dans lesquelles elle est tombée; nous ne nous
permettrons que les réflexions qui naissent indis-

pensablement du sujet ; mais nous ne pouvons
nous dispenser de faire connaître les parties les
plus essentielles d'un rapport qui a décidé
*arbitrairement* de notre légitime propriété. Nous
mettrons en *italiques* , les passages sur lesquels
nous désirons appeler plus particulièrement l'attention et la justice de Votre Excellence.

| Rapport de la Commission. | *RÉFLEXIONS.* |
|---|---|

« Il *paraît* que M. *Bascom*, négociant américain, se trouvant à Saint-Domingue, au commencement de l'an 12, *fit au Cap l'acquisition du navire* le Two Sisters, *moyennant une somme de 22 mille francs.*

Cette phrase est précieuse : elle prouve incontestablement que le navire le *Two Sisters* est le même que l'*Hector Daure*, vendu 22 *mille francs*, en vente publique, *après avoir été retenu dans la Colonie par les réquisitions successives du gouvernement.* La Commission était ici, sur le chemin de la vérité, elle n'avait qu'à le suivre pour être juste envers les réclamants : elle a préféré s'égarer et les immoler.

» Ce navire, comme beaucoup d'autres, *qui ne pouvaient sortir à cause de la flotte anglaise qui les aurait capturés,* était dans le port du Cap au mois de *brumaire* de la même année.

Ah ! M. le rapporteur, que dites-vous là ? Vous savez bien que le navire le *Two Sisters* pouvait *sortir* et *passer librement* au milieu des Anglais, comme l'ont fait vingt autres navires français vendus au Cap à des citoyens des Etats-Unis d'Amérique ; mais ces vaisseaux *n'avaient pas été mis en réquisition par le gouvernement, comme le Two Sisters,* et voilà pourquoi ils sortaient et passaient *librement.*

» Personne n'ignore les cir-
» constances fâcheuses dans les-
» quelles se trouva cette co-
» lonie ; elles étaient telles que
» l'armée française était *forcée*
» *de l'évacuer, et que pour y*
» *parvenir, il fallut employer*
» *des moyens extraordinaires*
» pour en sauver ce qui restait.

» Il n'y avait point de choix
» dans les moyens ; il fallait,
» par une mesure générale, *tirer*
» *parti* de tous les navires qui
» se trouvaient alors dans le
» port du Cap ; aucun d'eux ne
» pouvant échapper à l'escadre
» anglaise, on devait au moins
» *s'en servir pour sortir les*
» *troupes de la colonie.*

Bien certainement enlever,
*par réquisition*, un navire que
son pavillon étranger et neutre doit faire respecter, *c'est*
*un moyen extraordinaire*;
et c'est, précisément, à cause
de ce moyen qu'on doit payer
ce navire.

Donc, le *Two Sisters* était
mis *en réquisition pour sortir*
*les troupes de la Colonie.*
C'est vous qui l'avez dit,
M. le rapporteur. . . . . ,
mais il est déplorable de voir
un conseiller d'État conserver
assez peu de pudeur pour
répéter, malgré sa conscience, qu'aucun des bâtiments
au Cap ne pouvait échapper.
Quand il n'ignorait pas que
*tous* les navires achetés, au
Cap, par des Américains,
avaient passé *librement*, après
avoir été visités par les Anglais, *quand ils n'avaient pas*
*été mis en réquisition par le*
*gouvernement français.* Le
gouvernement fesait très-bien
de faire sortir les troupes
d'une colonie, où des fautes
impardonnables avaient em-
pêché qu'elles n'obtinssent le
succès qu'on devait se pro-
mettre d'une expédition aussi
importante ; mais quand on

5

prend, d'*autorité*, une propriété qu'on n'a pas le droit de prendre, il faut au moins la payer, Monseigneur, et c'est ici le cas où se trouve le gouvernement envers les propriétaires du *Two Sisters* dont il avait pris la propriété.

» En conséquence, le 28 du
» même mois de *brumaire*, tous
» ces navires *furent mis en ré-*
» *quisition pour transporter les*
» *troupes en France.*

Cet aveu de la Commission suffit pour condamner la décision qu'elle a prise ; le *Two Sisters* mis en *réquisition pour transporter des troupes en France*, était, par ce fait, dans le cas d'être *légalement* pris et confisqué par les Anglais ; M. le rapporteur n'a pas tout dit, au sujet de la *réquisition* du *Two Sisters*; elle porte que *le capitaine sera tenu de fournir l'eau et les vivres*; mais, peut-être, M. le rapporteur avait-il ses raisons pour ne point se rappeler de cette clause, comme on le verra à l'article où il traite des vivres fournis aux passagers.

» Le capitaine *Bascom* fut
» requis, comme les autres ;
» mais *il paraît que ce capitaine*
» *qui voyait que son navire ne*
» *pouvait manquer de devenir*
» *la proie des Anglais*, cher-
» cha, dans la circonstance,
» les moyens de s'assurer son
» remboursement.

M. le rapporteur n'affirme point; seulement, il lui *paraît* que telle ou telle chose est: quant à M. *Bascom*, il ne lui *paraissait* pas, il lui était *démontré* que son navire allait être la proie des Anglais, à cause de cette funeste *réquisition* qui devient, à chaque

» Il annonce lui-même qu'il
» présenta une pétition au géné-
» ral en chef, à l'effet , etc. etc.

» Le général en chef, *sans*
» *faire réflexion*, que la posi-
» tion dans laquelle se trouvait
» le capitaine *Bascom* ne lui
» donnait pas le *droit* d'obtenir
» une autre condition que les
» autres capitaines, fit *assez*

instant, la pierre d'achoppe-
ment de M. le rapporteur ;
au reste, quel vilain homme
que ce M. *Bascom*, qui cher-
che les moyens de s'assurer
son remboursement ! Que de
gens, cependant, qui lui res-
semblent en France, même
parmi les anciens fonctionnaires publics ! Il faut donc le
répéter sans cesse, les propriétaires du *Two Sisters*
devaient craindre de voir
leur navire confisqué par les
Anglais, du moment où le
gouvernement Français, *met-*
*tant ce navire en réquisition,*
en *garantissait le payement.*
Sans doute, le capitaine se
mit en règle, et il devait le
faire quelque fâcheux que
cela soit devenu pour M. le
rapporteur, qui ne peut écar-
ter cette pétition , ensemble
les déclarations, protestations
et estimations qui suivirent ;
elles suffisent pour montrer
la mauvaise foi ou l'ignorance
de M. le rapporteur.
Ne dirait-on pas que les
capitaines de navires étaient
en état d'hostilités envers le
gouvernement français , à entendre M. le rapporteur s'é-
noncer de la sorte ? Quoi ! il
accuse le général en chef d'a-
voir cédé , *sans faire re-*

» *légèrement* droit à la pétition » du capitaine *Bascom*, et or- » donna l'inventaire et l'estima- » tion du *Two Sisters*.

*flexion*, à une demande, d'avoir fait *assez légèrement* droit à une pétition! Jusqu'à présent, personne n'avait accusé ce général d'avoir montré trop de respect pour les propriétés ; mais quand le capitaine *Bascom* protestait contre la *mise en réquisition* de son navire, nonobstant son pavillon *américain*, le général, qui par la situation désespérée de l'armée, se trouvait peut-être obligé de violer le droit de propriété, ne put cependant s'empêcher d'avoir égard à la juste demande de M. *Bascom*, et *ordonna que son navire serait inventorié et estimé*. Il était réservé à M. le rapporteur de la Commission de nous *prouver* qu'à Saint-Domingue, où sans jugement, on dépouillait les négociants et les propriétaires, où l'on pendait et fusillait, où l'on noyait les gens sans forme de procès, il existait cependant plus de loyauté que dans les commissions de liquidation : il fallait que la demande du sieur *Bascom* fût d'une évidente justice, pour qu'on y fît droit à Saint-Domingue!!!

» Cet ordre fut transmis à » M. Perroud, ordonnateur gé-

M. le rapporteur n'est pas étonné de l'*estimation*, mais

» néral , qui *justement* étonné » de l'estimation *trop avan-* » *tageuse* de ce navire , *la ré-* » *duisit à* 5o *mille francs* , au » lieu de 1oo mille à laquelle » somme elle avait été portée.

de l'estimation *trop avanta-geuse!!!*

M. le rapporteur est d'accord avec M. l'ordonnateur *Perroud*, lorsque celui - ci propose une mesure ruineuse; mais de quel droit M. *Perroud* réduisait-il *de moitié* une estimation *régulièrement faite* par le capitaine, les officiers et les maîtres du port (pièces justificatives 22 )? Quelles connaissances avait-il de la valeur et du prix du bâtiment? Il *savait* que le navire avait coûté 22 mille fr. (comme vente simulée pour le couvrir légalement d'un *pavillon américain*), et voilà tout ; mais cela empêchait-il qu'il ne valût 100 mille fr. ? les propriétaires ne l'avaient-il pas régréé et réparé? Ce bâtiment avait été vendu et payé 35,312 fr., dégréé et désemparé, coque nue enfin, et pour déprécier légalement sa valeur, il eût fallu que M. *Perroud* attaquât l'inventaire, ce qu'il n'a pas fait et ne pouvait pas faire ; voyez pièces justificat. (1). Quand on payait la troupe au Cap avec des denrées enlevées *par réquisition* dans les magasins du commerce, les soldats vendaient aux Améri-

cains ( qui seuls pouvaient
alors acheter, parce qu'ils
pouvaient seuls exporter )
des barriques de sucre pesant
dix-sept cents, pour 8 piastres ou 42 francs la barrique ;
le biscuit, au contraire, s'é-
leva jusqu'à 350 fr. le quintal :
aurait-il été juste cependant,
de ne payer aux négociants
le sucre qu'on leur enlevait
que 42 fr. les dix-sept cents
liv. pesant (quoiqu'on puisse
supposer avec assez de fon-
dement, que si M. le rapporteur eût été chargé de leur
liquidation, il aurait trouvé
des raisons pour ne les pas
payer du tout)? et lorsqu'on
était forcé d'acheter le biscuit au prix de 3 fr. 50 c.
et 4 fr. la livre, lorsque le
gouvernement *ordonnait aux
réclamants de se pourvoir
de vivres pour les troupes
qui seraient mises à bord de
leur navire*, n'ont-ils pas dû
dépenser au moins 60 mille
francs, pour avitailler un navire qui devait porter environ
sept cents passagers ? M. le
rapporteur n'a pas songé à
faire cette remarque, mais
il voulait être aveugle. En
résultat, sans la réquisition du
*gouvernement français*, le
*Two Sisters* eût valu à *Char-*

les-*town*, et dans tous les ports de l'Amérique et d'Europe, plus de 100 mille fr., *et la preuve en reste par l'inventaire* existant dans les *bureaux de la marine, qui pourrait encore servir de base pour une nouvelle estimation ;* les réclamants n'auraient pas en outre, dépensé pour son avitaillement des sommes immenses qu'ils doivent encore ! ! !

» Alors, se fit la capitulation » du Cap avec les Anglais ; il » est nécessaire d'en faire con- » naître quelque chose. »

Le gouvernement français n'a pas jugé à propos de donner au public connaissance officielle de cette capitulation ; les réclamants pourraient, en conséquence, révoquer en doute, le *contexte* du passage qu'en cite M. le rapporteur.

» L'article 6 porte, que les » bâtiments Américains, Espa- » gnols et Danois, à bord des- » quels sont embarqués les *ha- » bitants* du Cap qui désirent » suivre, et qui conséquemment » forment une partie de l'éva- » cuation, auront la liberté de » suivre leur destination, sans » molestation.

Mais, en admettant l'*exactitude* du texte, que fait aux réclamants une capitulation qui a existé ou qui n'a pas existé, et qui, dans tous les cas, ne peut détruire le *droit acquis*, leur droit contre le gouvernement ? Ils n'ont jamais eu connaissance de la capitulation, et ils n'ont qu'à réclamer auprès du gouvernement qui leur a enlevé leur navire, malgré la protestation du capitaine, et par le droit des baïonnettes.

» Par suite, le capitaine *Bas-*
» *com* reçut à son bord, pré-
» tend - il, un grand nombre
» de personnes, etc....; mais il
» se trompe étrangement sur le
» nombre et la qualité des per-
» sonnes reçues à son bord.
» On voit, d'après les ordres
» même sur lesquels il appuie
» son assertion, qu'il n'a pu
» s'en présenter que cent trente-
» six, tant hommes (tous ha-
» bitants de Saint-Domingue)
» que femmes, enfants, domes-
» tiques, et pas un seul soldat,
» ni autre militaire, *excepté*
» *un seul lieutenant de gendar-*
» *merie*, avec lequel il sera,
» *sans doute*, convenu de 25
» gourdes (ou 140 francs) pour
» son passage, *comme avec les*
» *habitants* ».

Ici, M. le rapporteur ne
doute pas, il *affirme*, mais
ce sont des faussetés qu'il affirme. Pourquoi la Commission n'a-t-elle pas voulu entendre M. *Voisin*, inspecteur - général de la colonie
(qui était du nombre des
passagers), et même M. l'ordonnateur *Perroud*? Elle aurait connu son erreur : c'est
M. *Bascom*, au contraire,
qui ne s'est point trompé ; il
a été sauvé près de sept cents
individus à bord du *Two Sis-*
*ters* ; quarante, au plus, ont
traité de leur passage avec
le capitaine *Bascom*, et ont
payé ou apporté des vivres ;
plus de quatre cents se sont
établis à bord, *en vertu des*
*ordres dont ils étaient por-*
*teurs*, ordres dont les trois
quarts ont été perdus dans les
désordres inséparables d'un
embarquement fait sous le
poignard et la torche du nègre, et cette perte d'*ordres*
*écrits* est devenue très - fâcheuse pour les propriétaires
qu'elle a mis dans le cas de
ne pouvoir demander d'être
payés que sur la présentation
des ordres d'embarquement
qu'ils avaient pu réunir et
conserver. Quant à plus de
deux cent cinquante passa-

gers qui ne purent se procurer d'*ordres*, et que la crainte de la mort força de se précipiter à bord, sans les avoir obtenus, l'humanité faisait un devoir aux réclamants de les recevoir.

Mais, M. le rapporteur ne fait pas attention qu'il se contredit grossièrement; il a dit, plus haut, que l'armée étant forcée d'évacuer la colonie, il fallait employer des moyens *extraordinaires pour sauver ce qui restait de l'armée ;* il a dit plus haut, qu'en conséquence, *tous les navires furent mis en réquisition pour transporter des troupes en France.* Comment a-t-il oublié son propre dire, et avance-t-il qu'il ne se présenta à bord du *Two Sisters* que des *habitants* de Saint-Domingue, hommes, enfants, domestiques, ect.?

M. le rapporteur a-t-il pu supposer que des individus, à qui l'*on devait un passage* à raison de l'ordre dont ils étaient porteurs, auraient la bonhommie de payer ce passage? Cela s'est-il jamais vu, et cela peut-il être? D'un côté, *assûrément*, ce n'est point à des *habitants* que le gouvernement délivrait un *ordre de passage*, mais seulement à des militaires et employés de l'administration ; et si, comme M. le rapporteur ose l'affirmer, il n'y avait à bord du *Two Sisters* qu'un lieutenant de gendarmerie, qui eût droit au passage, *ce serait alors pour lui seul qu'on aurait mis en réquisition le navire le* Two Sisters, et il faut avouer que ce lieutenant aurait été traité en Conseiller d'état.

Voilà pourtant où conduisent l'absurdité et les faux raisonnemens, soutenus par l'ignorance ou la mauvaise foi !

Si M. le rapporteur eût lu plus attentivement les *quatre-vingt-onze ordres de débarquement*, même s'il les eût lus, nous ne doutons pas qu'il n'eût remarqué, qu'il y avait parmi ces passagers *porteurs d'ordres*, des hommes qui, par ordre du gouvernement, avaient amené de Cuba à Saint-Domingue, des chiens pour faire la guerre aux nègres ; et, en conscience, le gouvernement ne devait - il pas à ces hommes un *passage gratis*, ne fût-ce que pour les soustraire à l'horrible vengeance des nègres ? Et

» Dans cet état, il partit du
» Cap avec les autres capitaines
» de navires qui étaient dans le
» port, pour se rendre à Char-
» les-town; mais le même jour
» il fut capturé par la flotte
» anglaise, ainsi que ceux qui
» l'accompagnaient ».

» Envain observa-t-il au
» commandant de cette flotte,
» que le navire le *Two Sisters*
» était *propriété américaine*,
» qui lui appartenait en propre,
» qu'il n'avait encore rien reçu
» des 65 *gourdes* dont il était
» convenu *avec chaque habi-*
» *tant*, pour le prix de leur
» transport, etc. *Les Anglais*
» *accoutumés à ne rien res-*
» *pecter, pas même les enga-*
» *gements les plus sacrés*, n'eu-

quand il serait vrai qu'on aurait accordé, par faveur,
quelques *ordres d'embarquer*
(ce dont M. *Bascom* n'est
pas responsable, et ce qui ne
le regarde en rien), à des
gens qui n'auraient pas été
militaires, il n'en est pas
moins vrai, qu'en vertu des
ordres dont ces hommes
étaient porteurs, ils avaient
les mêmes droits que les militaires, et qu'ils étaient légalement censés militaires.

La sortie de M. le rapporteur contre les Anglais est le
comble de l'impudeur,
quand c'est *lui-même* qui *pro-*
*pose de ne pas respecter les*
*engagements les plus sacrés.*
Sans doute, M. *Bascom*, à
l'instigation de M. *Crevel*,
l'un des propriétaires qui se
trouvaient à bord, et qui lui
traçait sa conduite, observa
au commandant Anglais que le
*Two Sisters* était *propriété*
*américaine*; mais les Anglais
prirent ce vaisseau comme
*propriété française*, parce
qu'il était *mis en réquisition*
*par le gouvernement fran-*
*çais*, et chargé de *militaires*
*français.* Les Anglais ne
voyant dans le *Two Sisters*,
qu'un navire chargé par le
*gouvernement français*, a-

» rent aucun égard aux obser-
» vations du capitaine Bascom.
» Ils le conduisirent comme les
» autres, à la Jamaïque, où
» tous ces navires furent jugés
» de bonne prise par l'ami-
» rauté ».

» C'est dans cette position
» que le capitaine Bascom vient
» aujourd'hui réclamer du gou-
» vernement français.

» 1°. Pour soixante - sept
» jours de surrestaries, etc.

» 40,200 fr.

» 2°. Pour traitement à la
» table, à raison de 4 fr. par
» jour, pour cent dix-sept pas-
» sagers, etc.

» 20,720 fr.

» 3°. Pour le rembourse-
» ment du navire, d'après l'es-
» timation, etc.

» 100,000 fr.

» Ensemble 160,920 fr.
» 4°. Enfin, une indemnité
» non déterminée, pour la perte
» éprouvée par la privation de
» son navire.

vaient réellement le droit de
le prendre, et ils le prirent.

Nouvelle contradiction de
la part de M. le rapporteur ;
il parle ici de 65 *gourdes*
pour le passage de *chaque
habitant*; un peu plus haut,
ce n'est que 25 *gourdes* pour
le passage du lieutenant de
gendarmerie ; il faut, au
moins, tâcher d'être conséquent, lorsqu'on avance des
erreurs.

Quand tous les navires
couverts au Cap par un *pavillon américain*, et qui se
trouvaient absolument dans
le même cas que le *Two Sis-
rets*, avaient passé *librement* aux Etats-Unis, après
avoir été visité par les croisières anglaises, il devient
positif :

Que la *réquisition* du gouvernement français et *l'estimation* du navire ( deux faits
que les Anglais ont dû ne pas
ignorer), que la composition
des passagers, dont une partie est restée prisonnière des
Anglais, ( et par cela même
considérée comme militaire);
que l'argent, les meubles et
marchandises qui leur appartenaient, et qui ont été jugés
*bonne prise*, ont suffi pour
déterminer les Anglais à con-

duire le *Two Sisters* à la Jamaïque. Si cela n'est pas démontré, Monseigneur, il faut renoncer à prouver la vérité aux hommes puissants et aux conseillers d'état.

Jusqu'à l'époque de la condamnation du *Two Sisters*, les armateurs n'ont cessé de supporter les frais de salaire et de nourriture de l'équipage ; les soixante-sept jours de *surrestaries* leur seraient donc légitimement dus, quand même ce bâtiment aurait été rendu aux armateurs ; à plus forte raison sont - ils dus, quand le gouvernement est la cause, *par sa réquisition*, que le bâtiment a été pris et condamné.

Il est donc très-facile de concevoir pourquoi les réclamants ont demandé,

1°. — 40,200 francs.

» I.er Objet pour soixante-sept jours de *surrestaries*.

» On ne peut concevoir sur quoi peut être fondée la réclamation de ce premier objet, le capitaine *Bascom* paraît s'appuyer de la réquisition frappée sur son navire ; mais ce n'est pas cette réquisition qui a donné lieu à la prise qui en a été faite par les Anglais ; ce n'est pas non plus par le fait des agents du gouvernement français que le navire a été conduit et retenu à la Jamaïque ».

» Si les Anglais avaient respecté, comme ils devaient le faire, la capitulation du Cap, relativement aux navires américains, espagnols et danois, le *Two Sisters* serait sorti sans nulle molestation ».

M. le rapporteur, les Anglais ont respecté le *pavillon américain*, mais non lorsqu'il couvrait une propriété française ; et tel était le cas où se trouvait le *Two Sisters* par la *réquisition*, et surtout, *l'estimation* qui avaient dé-

» II.ᵉ Objet, pour le trai-
» tement de table, etc.

· · · ·

» III.ᵉ Objet. Rembourse-
» ment du navire d'après l'esti-
» mation.

» Il est *suffisamment* établi
» que la prise faite de ce navire
» par la flotte anglaise, *n'est*

*nationalisé* ce pavillon et ce navire.

On répond, en deux mots, à toutes les subtilités, et, tranchons le mot, à toutes les impostures de M. le rapporteur,

1°. Que l'ordre de *réquisition portait de fournir de l'eau et des vivres aux passagers*. Pièces justific. (19).

2°. Que les *ordres d'embarquer*, qui ont été en grande partie perdus, et dont on n'a pu retrouver que cent trente-six, sont tous revêtus du *vu débarquer à la Jamaique* de l'inspecteur - général de la colonie, qui avait reconnu par là que *les vivres étaient dus.*

De bonne foi, qu'y a-t-il à répondre à cela, et comment M. le rapporteur a-t-il pu se permettre tant de déraison et d'absurdité ?....

Il est donc très-facile de *concevoir* pourquoi les réclamants en demandent.

2°. — 20,720 francs.

M. le rapporteur se trompe du blanc au noir, car, au contraire, il est suffisamment établi que *la prise du* Two Sisters *est du fait des agents du gouvernement*, ou il n'y a pas de vérité mathémati-

» *point du fait des agents du*
» *gouvernement* ».

» On voit, au contraire, que
» lors de la capitulation, ils
» prirent toutes les *précautions*
» qui pouvaient dépendre d'eux,
» pour le conserver à leur ca-
» pitaine ».

» Mais si, au mépris de la
» capitulation, qui devait le
» mettre à l'abri, au mépris du
» droit des gens, du droit des
» nations, si, en *méconnaissant*
» même la *neutralité* du capi-
» taine *Bascom*, il a plu aux
» *Anglais de capturer ce na-*
» *vire*, et à l'amirauté de le
» *condamner*, assurément, le
» gouvernement français n'en
» peut être responsable, il est
» même *étonnant* qu'on ait pu
» penser un seul instant qu'une
» *pareille* réclamation fût ad-
» mise ».

que ou nous avons démontré
cela.

Quelles précautions pri-
rent-ils ? Sans doute, celle
de mettre le *Two Sisters en
réquisition pour transporter
des troupes en France ;* à
moins que ce soit celle d'a-
voir mis à bord *le lieutenant
de gendarmerie* de M. le
rapporteur.

*La neutralité* du capitaine
*Bascom !* mais, c'est le gouvernement français qui l'a
non - seulement *méconnue*,
mais détruite, en mettant le
navire *américain* de ce capitaine en *réquisition, pour
transporter des troupes en
France.* M. le rapporteur
accuse les Anglais, les réclamants n'accusent que la
Commission : il faut donc répéter, pour la millième fois,
que, dès le moment où le
gouvernement français, par
sa *réquisition*, par l'*estimation* faite du navire le *Two
Sisters*, a *dénationalié* ce
bâtiment et en a *garanti le
payement* aux armateurs, les
Anglais ont pu le considérer
comme *propriété française ;*
et la Commission était obligée, d'après toutes les lois,
*d'être d'avis* de rembourser
le *Two Sisters* aux récla-

» Le Capitaine *Bascom* fonde,
» *sans doute*, son espoir sur
» cette estimation de son na-
» vire, ordonnée par le général
» en chef, et, par suite, par
» l'ordonnateur *Perroud*, qui
» l'a réduite à moitié, *pour les*
» *raisons* ci-dessus énoncées ;
» *mais cette estimation n'aurait*
» *jamais dû être faite ;* elle n'a
» pu être *ordonnée* par le capi-
» taine-général, que par *une*
» *surprise faite à sa religion,*
» ou par une *distraction* qu'on
» peut, *sans doute*, lui repro-
» cher, quoiqu'on puisse la
» commettre dans les circons-
» tances fâcheuses où se trou-
» vaient alors la colonie et l'ar-
» mée française ».

mants. Le ton despotique avec lequel la Commission prononce son opinion, est de la dernière inconvenance, et il est *étonnant* qu'un rapporteur ait pu prendre un pareil ton.

*Sans doute*, l'espoir du capitaine *Bascom* était fondé sur la plus sévère justice, et il aurait obtenu le payement de son navire, si la Commission eût jugé à propos de décider d'après la justice et les lois.

On ne faisait pas de *surprise* à la religion du général en chef (trente mille témoins peuvent l'attester), et il n'avait pas de *distraction* lorsqu'il s'agissait de *respecter* les propriétés. M. le rapporteur est plein de grâce, lorsqu'il *excuse* la *distraction* de ce général, et la *surprise* faite à sa religion, on ne peut pas mieux défendre un Capitaine-général, que ne le fait ici M. le rapporteur, et cela nous rassure pour lui-même. M. le rapporteur justifiera *sans doute*, la *surprise* faite à sa propre religion et sa *distraction* dans l'*avis* qu'il a *émis*, d'après les circonstances fâcheuses où se trouvait la France, et celles où se trouvaient les

Conseillers d'état vis à vis leur Maître, lorsqu'ils prononçaient de semblables *avis*.....

Au reste, M. le rapporteur *prouve*, par ce paragraphe, que le payement du navire devient la suite nécessaire de l'*estimation*, et cela nous importe plus que la justification de M. le rapporteur.

Quant à la *distraction* du général en chef, à la *surprise* faite à sa religion, M. le rapporteur oublie donc, qu'il a dit, *trois fois*, que M. l'ordonnateur *Perroud*, qui, d'un trait de plume, réduisit (à la grande satisfaction de M. le rapporteur), de *moitié* l'estimation, avait *prouvé*, par cela même, *qu'il reconnaissait juste d'estimer*: cette *estimation* est également *visée* par l'inspecteur-général de la colonie. Voilà trois *distractions* et trois *surprises* faites à la religion des agents du gouvernement : il faut être bien habile pour causer de telles *distractions*, surtout à des personnes qui se tenaient autant sur leurs gardes que M. *Perroud* envers M. *Bascom*, et que le Général en chef envers tout le monde !

» De quel droit, en effet, » le capitaine *Bascom* pouvait-

Du droit de la justice, du droit établi par la *réquisition*

7

» il prétendre à une condition » meilleure que celles de tous » les autres capitaines qui se » trouvaient alors également au » Cap? *Il est prouvé qu'aucun* » *de ces navires ne pouvait* » *échapper* ».

» Or , cette circonstance » étant *aussi fâcheuse* pour le » gouvernement que pour les » capitaines de navire , elle ne » peut être considérée que com » me l'effet d'une FORCE MA-» JEURE , dont le gouverne-» ment français ne peut, sous » aucun rapport , être respon-» sable. Le *capitaine Bascom* » *ne peut s'en prendre qu'à la* » *mauvaise foi des agents an-* » *glais qui ont capturé* son bâ-» timent , et à l'amirauté qui » l'a déclaré bonne prise ».

faite par le gouvernement, du droit fondé sur l'*estima-tion* , il est prouvé que sans *la réquisition*, il eût échappé, puisque tous les navires *amé-ricains* , qui n'avaient pas été mis en *réquisition* , sortirent et passèrent *librement*.

Ah! ah! M. le rapporteur, y pensez-vous ? et c'est pré-cisément cette FORCE MAJEURE dont le gouvernemeut fran-çais est *textuellement* res-ponsable ; pièces justifica-tives (13)..... *Le capitaine Bascom ne peut s'en prendre qu'à la mauvaise foi de M. le rapporteur* , qui a été d'*avis* de ne pas payer le bâtiment, malgré l'engagement formel, pris par le gouvernement , de le payer d'après l'*esti-mation* faite. Si M. *Bascom* avait porté, devant une Com-mission anglaise une demande aussi juste, nul doute que cette Commission n'y eût fait droit : mais, en France, des membres de Commission n'é-taient guères que des muets, chargés d'étouffer les mal-heureux créanciers de l'E-tat.

Il est donc très-facile de *concevoir* pourquoi les ré-clamants ont demandé :

3°. — 100,000 francs.

» Reste le IV.ᵉ Objet, etc. Pièces justificatives (21).

» Ce qui vient d'être .établi
» *prouve assez* que cet objet
» n'est pas mieux fondé que les
» autres ».

Ce qui vient d'être établi *prouve*, au contraire, *assez*, que les réclamants sont fondés à demander une indemnité *pour la perte éprouvée par la privation de leur navire*,.... parce que, quand il est prouvé que le gouvernement doit le payement du navire, des surrestaries, et des vivres fournis aux passagers, il est impossible qu'il ne doive pas aussi une indemnité pour en avoir privé, pendant douze ans, les propriétaires ; quand ces derniers, surtout, peuvent prouver que les dettes qu'ils avaient contractées à Saint-Domingue, pour l'avitaillement du navire le *Two Sisters* (*arbitrairement et impérieusement, exigé par une réquisition, et on sait qu'à Saint-Domingue, on ne pouvait refuser d'y obtempérer, sans s'exposer à être noyé, ou fusillé sur-le-champ*) ; quand ils peuvent prouver que le capital de ces dettes est doublé maintenant par les intérêts, et les frais des poursuites auxquelles ils ont été exposés depuis douze ans.

Il est donc très-facile de *concevoir* pourquoi les ré-

» Il en résulte, qu'aucune » des observations de la récla- » mation du capitaine *Bascom* » n'étant fondée, ON PRO- » POSE *de la rejeter, sauf à* » *lui à se pouvoir, s'il le juge* » *à propos, auprès du gouver-* » *nement anglais pour se faire* » *rendre la justice à laquelle* » *il prétend* ».

» Les Conseillers d'état, etc.

### RÉVISION.

» Vu, revisé, approuvé par » etc.

clamants ont demandé ;

4°. — Une indemnité.

*La justice à laquelle il prétend !* Sans doute, M. le rapporteur a voulu dire, *la justice qu'il réclame ;* prétendre à la justice est une noble prétention, mais malheureusement pour les réclamants, M. le rapporteur n'était pas homme à prétentions ; sa PROPOSITION le démontre ; au reste, *il est plaisant de voir M. le raporteur conseiller au capitaine* Bascom *d'aller demander, aux Anglais, le payement d'un navire* MIS EN RÉQUISITION PAR LE GOUVERNEMENT FRANÇAIS, POUR TRANSPORTER DES TROUPES EN FRANCE : les Anglais n'en sont pas venus encore à ce point de bonté, de payer les frais de guerres de leurs ennemis.

### RÉVISION.

Voilà du laconisme ! Point d'observations, point de considérant, pas un mot inutile : jamais Commission de liquidation n'a liquidé si *brièvement* ; mais aussi, M. le maréchal duc de Tarente a dit ces mots, qui deviendront proverbe : « ON NE LIQUIDA QUE POUR RUINER ».

Ce laconisme rappelle celui de *Fouquier Tinville*, qui liquidait aussi à sa manière, quand ce tigre vouloit faire condamner les infortunés par son tribunal, qui jugeait à peu près comme une Commission, il n'avait que trois mots à dire : *feu de file !*.....

Mais il faut être juste, et nous devons ajouter que dans le tribunal révolutionnaire, on votait toujours *la mort*; dans la Commission des créances de Saint-Domingue, au contraire, on ne votait jamais..... que *la ruine*.

Ou rien dans le monde n'est prouvé, Monseigneur, ou il est maintenant prouvé que les réclamants ont des titres et des droits incontestables à demander au gouvernement français, la valeur et le montant du navire le *Two Sisters*, ensemble du frêt, des vivres et des *surrestaries*; il est prouvé que le gouvernement *doit* ce prix et le montant; car une dette légitime n'est éteinte que lorsqu'elle est acquitée; il est prouvé que les réclamants n'ont pas été entendus par la Commission de liquidation, et qu'ils n'ont pas été représentés auprès de cette Commission ; il est prouvé que l'*avis*, les *proposition* et *révision* de la Commission ont été contraires à toutes les lois, à tout principe d'équité, et aux engagemens formels que le gouvernement avait pris envers les réclamants; il est prouvé que M. *Crevel* n'est, ni ne peut être, dans aucun cas, passible d'*avaries* qui ne sont pas de son fait, qui n'ont pas été légalement constatées, et qu'un procès - verbal régulier ( celui du 6 messidor an 11 ), démontre au contraire avoir été l'effet du *mauvais temps*; il est prouvé qu'en condamnant *provisoirement* M. *Crevel* à payer lesdites *avaries*, sauf à lui à prouver qu'elles ne provenaient pas de son fait, la Commission a prononcé un jugement inique ; il est prouvé qu'elle a prononcé un jugement inique et absurde tout ensemble , en dépouillant un *tiers* ( *M. Villemey* ) , parfaitement étranger aux intérêts de M. *Crevel* sur l'*Hector Daure* ; enfin , il est prouvé que les réclamants ont été *arbitrairement* dépouillés de leur propriété légitime.

Loin de nous , Monseigneur , l'idée d'inculper Votre Excellence ; nous sommes persuadés que sa religion a été surprise ; aussi l'équité , la loyauté et les hautes qualités qui distinguent votre caractère , nous donnent la confiance que Votre Excellence aura le courage de réparer une injustice commise par une Commission dont elle était Président : non-seulement cette Commission a opéré notre ruine , elle nous a mis encore , en retenant les fonds qui nous appartenaient si légitimement , dans l'impossibilité de nous libérer envers nos créanciers ; ensorte que notre existence et notre honneur exigent également que nous persistions , et que nous persistions *invariablement* dans nos réclamations. D'après des motifs aussi sacrés , nous supplions Votre Excellence de vouloir bien déposer aux pieds de Sa Majesté , un rapport tendant à solliciter de ce Roi juste , de ce Roi anquel nous portons une fidélité et un amour sans bornes, la *révision* de la décision de la Commission de liquidation.

Nous avons l'honneur d'être avec respect,

MONSEIGNEUR,

de Votre Excellence,

Les très-humbles, très-soumis et très-obéissans Serviteurs,

Le Colonel LEGAY-D'ARCY,
Officier de la Légion d'Honneur, Chevalier de l'Ordre Royal et Militaire de Saint Louis.

Le Chef d'Escadron CREVEL,
Chevalier de la Légion d'Honneur.

Paris, ce 19 Mars 1816.

# PIÈCES JUSTIFICATIVES.

(1) Acte de mise en possession du navire le *Freyheit*, en la personne du Sieur LEGAY - D'ARCY, acquéreur ; extrait des minutes du greffe du tribunal de première instance, séant au Cap, 19 ventose an 11, légalisé par le grand-juge de Saint-Domingue *Ludot*, enregistré au bureau de l'inspection de la colonie, au Port-au-Prince, le 29 *germinal* an 11, signé l'inspecteur en chef *Voisin*. Ce navire fut vendu et payé 35,312 fr. *coque nue.*

(2) Ordre de M. *Daure*, Préfet colonial de Saint-Domingue, extrait des registres du bureau de l'inspection de la colonie, collationné par l'inspecteur en chef de ladite colonie, signé *Voisin*, 29 *Germinal* an 11.

(3) Déposé à la marine, ainsi qu'il conste par la lettre et déclaration de *Thorel* et compagnie et *Cotentin*, du 4 *prairial* an 12.

(4) Acte de vente et d'adjudication, requête de MM. LEGAY et CREVEL, 11 *fructidor* an 11, en faveur de monsieur *Laussat* auquel est fait opposition par *Nathaniel Richardson*, pour raison de la non-exécution par M. *Crevel*, Subrécargue de l'*Hector Daure*, du contrat d'affrètement dudit navire, passé entre ledit *Nathaniel Richardson*, devant *Dieu* et son confrère, notaires au Port-au-Prince, le 30 *germinal* an 11.

8

(5) Déposé à la marine, ainsi qu'il conste, au n°. 3.

(6) Acte qui constitue M. *Crevel*, l'un des intéressés et gérant du bâtiment l'*Hector Daure*, passé devant *Moillet* et son confrère, notaires à Saint-Marc, 7 *prairial* an 11.

(7) Réquisitions, par ordre de M. Henri *Barré*, capitaine de vaisseau, commandant la station du Nord à Saint-Domingue, au commandant de l'*Hector Daure* : 1°. de fournir, sur-le-champ, trois matelots et un mousse, pour la goëlette de l'État le *Téméraire*, 8 *thermidor* an 11 ; 2°. de fournir sur-le-champ quatre matelots, pour la goëlette le *Perroquet vert*, 10 *thermidor* an 11 ; 3°. de livrer, sur-le-champ, son premier canot, pour le *Téméraire*, du 21 *thermidor* an 11 ; 4°. de donner, sur-le-champ, son charpentier à la goëlette l'*Océan*, du 5 *fructidor* an 11, etc. etc. etc.

(8) Déposé à la marine, ainsi qu'il conste au n°. 3.

(9) Extrait des minutes du greffe du tribunal de première instance du Cap, 11 *fructidor* an 11 ; requête de *Legay* et *Crevel*, propriétaires, duement légalisé et enregistré.

(10) Déposé à la marine, ainsi qu'il conste au n°. 3.

(11) *Idem.*

(12) *Idem.*

(13) « Dans les cas de FORCE MAJEURE, provenant du

» fait du gouvernement, et qui seront de nature à dé-
» charger les assureurs, le gouvernement répondra des
» suites ; et pour conservation des droits respectifs, le
» bâtiment sera estimé au départ, et, en cas de perte,
» le capital remboursé, sous déduction d'un cinquan-
» tième ».

Article 15 des conditions générales d'affrêtement de navires au voyage pour les îles du Vent et sous le Vent ; Marine, Brest, 21 *pluviose* an 10 ; le commissaire aux approvisionnements, signé *Perneti*; le chef d'administration, signé *Léger* ; l'inspecteur de marine, signé *Jurien*.

(14) Déposé à la marine, ainsi qu'il conste au n°. 3.

(15) *Idem.*

(16) Acte du 5 *frimaire* an 12, ou 23 novembre 1803, dûment légalisé et enregistré.

(17) Procuration de *Bascom*, contenant l'extrait de la condamnation du navire le *Two Sisters*, par la cour de vice-amirauté de *Saint-Yago de la Vega*, île Jamaïque, et la lettre du même, en date du 12 février 1804.

(18) Procès-verbal du
23 *messidor* an 11.          » chapeaux avariés,   4,212.
» Procès-verbal du
30 *messidor* an 11.          » chapeaux avariés,   4,445.
                             » en bon état .....   1,000.
                             » Total ......   5,445.

Procès-verbal du
29 *fructidor* an 11.

» chapeaux entière-
» ment pourris . . . .   5,187.
» chapeaux distraits
» en moins mauvais état
» et remis dans les ma-
» gasins. . . . . . . .   1,800.

» Total. . . . .   6,987.

(19) A bord de la frégate la *Surveillante* , en rade du Cap , le 28 *brumaire* an 12.

Henri *Barré* , capitaine de vaisseau , commandant les forces navales à Saint-Domingue.

Le navire *américain* le *Two Sisters* , est mis en réquisition pour le service du gouvernement , et pour l'évacuation du Cap.

En conséquence, le capitaine Elias *Bascom* voudra bien se disposer à recevoir les quantités de *troupes* qui lui seront destinées , et *faire les vivres* et l'eau nécessaire pour leur *transport*. Signé B a r r é.

Vu par l'inspecteur maritime et colonial ,

Signé J.-M. V o i s i n.

(20) Extrait du procès-verbal de l'estimation du navire le *Two Sisters* , faite par le capitaine, officiers et maître du port.

» Coque et mâture . . . . . .   70,000 francs.
» Agrès et apparaux . . . . .   20,000
» Ancres et cables . . . . . .   10,000

» Ensemble. . . . .   100,000 francs.

» Fait au Cap , le 2 *frimaire* an 12.

(21) Extrait des déclarations et protestations faites par Elias *Bascom*, pardevant les notaires publics au Cap, 4 *frimaire* an 12, ou 25 novembre 1803.

« Que d'après l'ordre en date du 19 frimaire, du
» Commandant de la rade du Cap, de se tenir prêt à
» partir dans cinq jours, avec quarante jours d'eau à
» bord, il aurait présenté pétition le même jour au Gé-
» néral en chef *Rochambeau*, lui opposant qu'il était
» prêt à obéir à l'ordre susdit, mais qu'un ordre du *gou-*
» *vernement français* dans la position présente où les
» Anglais sont devant le port, pouvant compromettre
» son bâtiment par le transport qu'il pourrait faire de
» troupes et autres employés Français, il attendait de
» sa justice que l'inventaire et estimation seront faits de
» son navire, etc., etc.; Que cette pétition ayant été
» prise en considération par le Général en chef *Rocham-*
» *beau*, ce dernier avait ordonné qu'estimation serait faite
» dudit navire; Qu'en conséquence, et en vertu des or-
» dres qui ont été donnés par le cit. *Perroud*, Ordonna-
» teur général, et transmis par le cit. *Voisin*, Inspec-
» teur général, aux maîtres du port de la ville du Cap,
» de se transporter à bord du navire le *Two Sisters*,
» à l'effet de faire inventaire et estimation dudit navire;
» le 2 frimaire présent mois, les maîtres du port s'étant
» rendus à bord, ayant procédé, et, par le résultat de
» leur opération, ledit navire a été estimé en totalité la
» somme de 100 mille francs. Que les opérations ayant
» été communiquées au cit. *Perroud*, ce dernier, au

» mépris de ladite estimation , aurait dit : Qu'en consi-
» dération que le bâtiment dont s'agit n'a été acheté
» originairement qu'environ 22 mille francs , tant en
» argent qu'en *bons* sur la trésorerie nationale; que depuis,
» et pour le mettre en état de faire les voyages de long
» cours , il n'a pu être dépensé qu'une somme d'environ
» 20 mille francs , ce qui ferait monter la valeur réelle
» à 42 mille francs, et que prenant en considération les
» frais d'équipage , il réduit de son chef ladite estimation
» à la somme de 50 mille francs au lieu de 100 mille.

» Que le comparant a lieu d'être surpris des considé-
» rations dudit *Perroud*, parce qu'à l'époque où ce bâti-
» ment a été vendu 22 mille francs , cette vente a été
» faite dans un moment où la ville du Cap éprouvait des
» malheurs, et que le commerce avait été ralenti et presque
» suspendu par ces événements; et parce que ce bâtiment
» a été vendu originairement bon marché , la coque étant
» d'ailleurs entièrement nue , ce n'est pas une raison de
» la part du Sr *Perroud*, de réduire la valeur réelle de
» ce bâtiment, constatée par des gens à ce connaissant,
» à la moitié de son estimation , et vouloir, par des
» motifs aussi dénués de justice , faire perdre au com-
» parant la moitié de la valeur de son navire.

» Pourquoi, le comparant a déclaré protester par ces
» présentes , contre les observations du Sr *Perroud*, et
» qu'il fait la présente déclaration pour lui servir et
» valoir en cas d'événements , et *des dangers de la*
» *guerre sous lesquels il se trouve placé d'après l'ordre*

» qui lui a été communiqué par le Commandant de la
» rade du Cap, et déjà précité, dans le cas où son
» bâtiment se trouverait pris, en portant des troupes ou
» autres employés français, et de toutes pertes, dom-
» mages, dépens et intérêts, de laquelle déclaration
» ledit Sieur comparant a requis acte, que nous lui
» avons octroyé, dont acte, etc. »

Signé DESMOULIN, MARTINEAU, Notaires.

Légalisé par M. Nicolas PRÉVOST, Président du tribunal de première instance de la ville du Cap Français,
ce 5 frimaire an 12, ou 27 novembre 1803.

FIN.